ゲシュタルト療法——その理論と心理臨床例

倉戸ヨシヤ

駿河台出版社

はじめに

ゲシュタルト療法に私が出会ったのは偶然であった。それは夢のスーパーヴィジョンを受けたときのことであったが、留学先の大学でのハードな勉学に挫折し、青息吐息になっている私と、その私を支えている私という実存的メッセージを得る経験であった。それはテニスのラケットに象徴的に投影されたセルフ・イメージの夢であったが、まさに目から鱗が落ちる経験であった。

夢とは、愛用のテニスのラケットが根元から折れているもので、気持ちが悪かったので、朝、スーパーヴァイザーの教授のところへ訪ねていったのである。夢の話をすると、いきなり「折れたラケットになってごらん」と言われたので戸惑っていると、「**I am a racket.**（私はラケットです）」と言うのだよ、というのである。そこで、言われた通りにすると、今度は、「今、あなたはどのようになっているか」と、聞かれるので、「**I am broken by the neck.**（私は首の根元から折れています）」と言ってみたのである。言ってみたその瞬間、それまでは気づかなかったけれど、挫折するところまで勉強でくたくたになっている自分が体感できたのである。そうすると胸に熱いものが込み上げてきて、ジーンと泣けてきた。もろに強烈なインパクトを受けたのである。

これがゲシュタルトだとは、まだ気がついていなかったのである。次のセッションでは、「どうだったか」と問われたので、「エキサイトしました」と答えながら自分のことを話し出したのである。留学一〇ヶ月間が経ち、単位を取りながら、修士論文も書いているときで睡眠時間を少なくして頑張っていたのであるが、「夢を見て挫折している自分のありのままの姿を見たような感じがした」と言うと、「テニスのラケットは夢の中でどこに置かれているか」と介入された。そこで私は、ベッドの上ですと答えた。そのベッドというのは代々アメリカの学生が寝ている藁でできたものであった。「日本ではもうこんなベッドは使っていない古いものだ」と言うと、「そのベッドになってごらん」と勧められる。「値打のないベッド（私）だが折れたラケット（自分）を支え憩わせている」と応えた。応えたとたんに、挫折している自分を自分が支えていると気づいて、「あっ、そうか！」と身体中が熱くなる経験をした。身体中で感動と興奮を覚えながら私は、しばしの時間、ただ心地よさに酔っていた。これが、まだどのようなセラピーかを知らないで、経験したゲシュタルト療法であった。

しばらくして、これはどのようなセラピーなのかと思い、尋ねると、ゲシュタルト療法ということであった。これが、例のフィルムを観たとき、一番嫌な感じを受けたものかと思ったが、体験してみると、見方が違っていた。

私は、以上のような偶然性を、むしろ幸運だと思っている。なぜなら、経験に先立って、この療法を学ぼうと力んで書物を読んだり講義を聞いたりしたのではなく、すなわち、頭で学んだというより身体で体得したものだからである。体得したものは、私の場合は、とくにそうであるのかもしれないが、セラピーのなかでも応答に迷ったときなど、身体が覚えていて反応してくれる。頭でどう応答したらよいかと思いを巡らせて戸惑うことが少ないのである。

もちろん後になって、むさぼるように提唱者パールズの著作を読んで知的興奮を覚えて酔いしびれ、しばし読むのを中断せざるをえなかったこともしばしばであったのであるが、それも経験したものが協応するからであった。

実際に経験してみると、ゲシュタルト療法は、はじめ取り組みにくいかもしれないが、実際には難しくもなく、あるいは奇異でもない。むしろ人間をあるがままに全体的に捉えようとするもので、ヒューマニステックといえるものである。したがって経験すればするほど、日常のコモンセンスに合ったものであることが分かる。パールズが「いくつかの仮説に基づいているが、難解で理屈に会わないというしろものではない。むしろほとんどが常識に基づいているもので、容易に経験的に裏付けることが可能なものばかり」と、述べている通りである（Perls, 1973）。それはセラピストからの解釈をせず、五感を重視し、クライエントとセラピストがともどもに自明で共有できるものから介入するからであろう。

この自明で共有できるものというのは、たとえば、〈父親のことに触れると拳骨をつくっているのが観て取れますが、ご自分でお気づきですか〉など、気づけば合点のいくものであり、クライエントとセラピストの両者で共有できるものである。したがって、そこには両者の〝ずれ〟はなく、たとえば、「父親のことは、話すだけで、腹が立ってくるんですよ」などのクライエントの気づきを惹起させる。セラピストはそこで、〈腹が立つというのは……もう少し話してくれますか〉と介入し、クライエントのさらなる気づきを誘うのである。

詳細には本書を読み進んでいただきたいが、鍵概念になる理論は、全体性、気づき、〝今―ここ〟、図地反転、ホメオスターシス、などであるが、本書の構成は、先に第一章から第五章で主な鍵概念と技法を紹介し、それから第六章から第九章において心理臨床で蓄積してきたケースのなかからいくつか提示する。そして第一〇章においてゲシュタルト療法から見た身体、第十一章において提唱者パールズについて記述した。

二〇一一年二月

著者　倉戸ヨシヤ

ゲシュタルト療法——その理論と心理臨床例

目　次

はじめに……3
目　次……8
第1章　ゲシュタルト療法とは……11
第2章　ゲシュタルト療法の過程……39
第3章　ゲシュタルト療法の関わりと技法……45
第4章　ゲシュタルト療法の人格論……55
第5章　エンプティ・チェア技法について……69

第6章　事例1　〝雑種の犬〟に投影されたセルフ・イメージ……101
第7章　事例2　未完結から完結へ……141
第8章　事例3　「私は鶏です」……175
第9章　事例4　喪のワーク……195
第10章　ゲシュタルト派から見た身体についての小さな省察……207
第11章　提唱者パールズ……229
あとがき……253

第1章

ゲシュタルト療法とは

ゲシュタルトという〝ことば〟

ゲシュタルト療法はユダヤ系ドイツ人で精神科医師、かつ精神分析家の資格を持つフレデリック・S・パールズ（Frederick S. Perls; 1893–1970）により提唱された心理療法である。ゲシュタルト（Gestalt）ということばは、もともと、〝形〟〝全体〟〝閉じる〟〝完結〟〝統合〟を意味するドイツ語からきている。したがって、その名の付いた療法も、クライエントが自らの欲求を〝形〟にして表現したり、人やものごとを〝全体〟として捉え、終わっていない経験を〝閉じ〟たり、〝完結〟へと目指し、まとまりのある方向へ人格の〝統合〟を志向することを援助するものである（倉戸、一九八二；一九九一）。

Gestaltの訳語については、当初、米国では〝configuration〟と紹介され、イギリスでは〝shape〟、フランスでは〝forme〟とされていたが、いずれも不十分で、ケーラー（Köhler, w.）などの「ゲシュタルト性質」もしくはそのまま「ゲシュタルト」とすべきだとする主張もあり、いまではそれを各国とも採用しているところが多い。日本語の広辞苑では、「メロディーなどのように、部分の寄せ集めではなく、それらの総和以上の体制化された構造を指す概念。形態」とある。

理論的背景

この療法の理論的背景は、もとはといえば、与えられた条件内において全体として形態的にすぐれ、かつ秩序あるまとまりをなそうとする傾向、すなわちプレグナンツ傾向（Pregnants–Tendentz）などゲシュタルト要因を概念化して、一九一〇年代から一九三〇年代にドイツを中心に展開されたゲシュタルト学派といわれる知覚における心理学である。

この知覚における心理学は、その後、生理（Goldstein, 1925）、学習（Wulf, 1922）、人格（Lewin, 1935）、集団・社会（Lewin, 1951; Asch, 1952; Sherif & Sherif; 1969）を経て精神的現象へと展開されていく。それが、〝気づき〟、〝コンタクト〟、〝図〟と〝地〟とその反転、〝精神的・社会的ホメオスターシス〟、〝今－ここ〟などの概念で知られるゲシュタルト療法である。

このゲシュタルト療法は心理療法の流れや学派からいえば、非分析的な流れに立っている。したがってこの療法の特徴としてまずいえることは、セラピストの解釈は行われないということである。その理論的・臨床的理由は、解釈は自分で自分を発見する機会をクライエントから奪い、自分自身の価値観や生き方を見出す妨げとなると考えるからである（倉戸、一九八九）。

しかし、著者の師であるミリアム・ポルスター（Polster, 1987）によれば、精神分析の提唱者フロイト（Freud, S.）からは、クライエントの語る能力、そしてそれを通して自らについて洞察を得る能力のあることを学び、気づきと呼ばれる意識化の過程として取り入れている。また超自我とイドの関係をトップ・ドッグ（勝ち犬）とアンダー・ドッグ（負け犬）という二者間の葛藤と捉え、対決させる技法を考案している。ユング（Jung, C.G.）からは、夢がクライエントの人生を象徴していること、それゆえ個性化をはかるためにはその理解と統合が必須になる点を、〝夢を生きる〟という技法に吸収している。またペルソナと影、アニマ・アニムスなどの両極性の概念もゲシュタルト心理学で用いる〝図〟と〝地〟という構造的な視点から捉え直して、かつそれらを対話させるという技法にまで発展させている。モレノ（Moreno, J.L.）からはサイコドラマを直接学んでいるが、問題になっていることがらや気持ちを声に出し、演じてみることが洞察へと導かれることを教えられている。

このゲシュタルト療法は一九五〇年代に米国でおきたヒューマン・ポテンシャル・ムーブメントの波に乗って脚光を浴び、今では非分析的な心理療法の一つの学派として認知されている。そして、ＮＬＰ（神経言語プログラミング）、システムズ・アプローチ、エンカウンター・グループ、認知療法、危機介入、心療内科などに取り入れられている。

日本への導入と心理臨床

筆者がゲシュタルト療法を紹介し、講演やデモを開始したのは一九七二年に米国より一時帰国したときであった。当時は、筆者の周囲においては、ロジャーズが全盛を誇っていた。そこへ異質なゲシュタルト療法を紹介したので、ほとんど快く歓迎されなかった。「カウンセリングではない」とか、「怖い」などが主な批判であった。とくに、専門家からの、「日本の土壌には向かない」というコメントには、苦しい思いをした。しかし、これらは、かえって、心理療法とは何か、を考え、ゲシュタルト療法を掘り下げてみたいという探究心を与えてくれた。そこで再度、渡米して、ジョン・スティーブンスやベイリ・スティーブンス、大学では、スー・キャンベル博士に付いて、実践と研究に励むことになる。そして、スー・キャンベル博士からサンディ・エゴのポルスター博士夫妻へ推薦され、教育と実践の訓練を受けることになる。

一九七六年夏に帰国し、ゲシュタルト療法の心理臨床が開始される。同時に、事例研究の報告が日本心理学会でなされ、日本心理臨床学会が発足すると、漸次、学会主催のシンポジウムやワークショップを担当することになる。また、年間を通しての長期の訓練やスーパーヴィジョンの活動も始められている。したがって、ゲシュタルト療法の効用と限界についての知見も蓄積されていて、たとえば、「臨床心理学大系」(金子書房)など、の講座や著書に紹介されている。

しかし、技法の導入については、筆者は慎重を期していた。筆者自身が、技法一般については好きでなかったことと、有効であるだけに技法のみが人格論や治療論の裏付けなしに先行し、流布されることへの躊躇があったからである。それは、ゲシュタルト療法は心理療法であり、何にも増して、クライエントに喜んでもらえるものでありたいと願ったのである。それゆえ、ひたすら心理臨床の実践に従事し、実績を積み、自然に日本の土壌に浸透していくことを願ったのである（倉戸、一九九八）。

気づき

気づき（Awareness）とは、精神分析でいう意識化や、ときに洞察に近い概念のことをいうが、〝アッ！ 体験〟（Gendlin, E.）や〝なるほど！〟と身体中センセーションを覚える納得の体験をいう。その気づきには、パールズ（一九六九）によれば、領域として⑴内層⑵外層⑶中間層の三つがある。

内層の気づきとは、身体の内部、すなわち皮膚から内で起きていることを意識化することである。たとえば「（母のことを話していると）怒りが込み上げてくるのが分かります」などが、その例である。その病理的側面は、基本的には気づきを持ち得ないところから引き起こされると仮説されている。

外層の気づきは身体の外側、すなわち外界で起こっていることを意識することであるが、「セラピストが腕を組んでいます」は、その例。この外層の気づきは外界でなにが起こっているかをありのまま認知することであるが、ゲシュタルト療法では、これを持つか持たないかが外界への適応を左右すると仮説されている。たとえば、方向・物事・人物などに対するオリエンテーションが、そうである。このオリエンテーションが現実に認知されたものでないと、外界への適応がうまくできなくなるし、人間関係にも支障をきたすことになる。すなわち他の領域との境界があいまいになる場合に、神経症的混乱が生起する。たとえば、「考え事をしながら横断歩道を渡ろうとしたら、もう少しで車に轢かれそうになった」は、その例である。あるいは「彼は私を避けている。私を嫌いになったに違いない」も、そうである。もっとも、後者は投影であり、病理的な混乱といわざるをえないが、これらに共通していえることは、外界の認知がありのままできていないことであろう。一方、「周りが気になる」なども、多くの場合、外層の混乱からきていると思われる。しかしこれは裏返せば、すなわちゲシュタルトの概念の〝地〟の部分では、自分が他者にはどう写っているのかを気にしている現象、そして自分を喪失している現象ともいえよう。

中間層というのは、内層と外層の中間にあって、頭の中での想像をいう。それゆえ、中間層の気づきとは、想像、空想、あるいは思い込み、評価であることを意識することである。たとえば「言えば笑われると自分で思っている」ことに気づくなどがこの範疇に入る。この場合は、「言えば笑われると自分で思い込んでいるだけで、まだ言ってはいなかったので、一度勇気を出して言ってみようか」という行動をもたらす可能性がある。しかし、自分の思い込みだという点に気づかない場合は、すなわち、笑われることは自明であると受けとっている場合は、おそらく言ってみるという行動は惹起されないであろう。このように中間層の気づきは、一方において、想像や思考による積極的行動や創造活動、また消エネルギー化をもたらすが、他方、想像で自らの首を締めることや幻覚・幻聴などはその病理的側面といえよう。「みな私の方をみて笑っている……私は蔑まれている」は、事実（外層）と相違しているのに、そう感じられるときは、病理的といわざるをえない。これも外層との境界を失している点で、中間層の領域で起こっている現象といえる。

　精神分析でいう投影同一視（projected identification）も中間層で起きている現象である。それゆえ、これも病理的といわざるを得ない。みずからの内に起こっていたり、見えているものを他者に投影しているからであるが、この心的作業は中間層でなされるものである。

〝図〟と〝地〟と、その反転

意識に上ってくるものをゲシュタルト療法では〝図〟と呼んでいる。今、本稿が意識に上っている読者にとっては、本稿が〝図〟である。しかし、しばらくするとなかにはテレビのサッカー中継を観たいと思うようになる読者がいるかもしれない。すなわち、ゲシュタルト療法でいう〝地〟もしくは〝背景〟にあったところの、それまで意識下にあったサッカー中継を観たいという欲求が〝図〟に上ってきたのである。

さて、問題は、〝図〟に上ってきたサッカー中継を観たいという欲求をどうするかである。そこで、上ってきた欲求は今、満たさないといけないものか、あるいは後にしても大丈夫かを選択できる人は、精神的に健康な人ということになる。そして今、満たす方を選択すれば、テレビのスイッチを入れるだろう。その間、本稿を読むことは一時中断されるが、サッカー中継が終了すれば、欲求は閉じられ、〝地〟へ追いやられるので、次善の欲求が〝図〟に上ってくる。それが再び本稿を読むということであれば、読書は継続されるということになる。この過程を〝図地反転〟と呼んでいる。

要するに、精神的に健康であれば、自分にとって、より高次な欲求、あるいはより優先させねばならない欲求が何かが分り、それを満たすことができるのである。病理的なのは、〝図地反転〟が起こらない場合といえるが、先ほどの例でいえば、サッカー中継を観たいという欲求が辛抱できないくらいに強くなってきているのに、立ち往生して、観ることができない場合である。これは、サッカー中継を観たいという欲求と本稿を読みたいという欲求の二つの競合する欲求のうち、どちらがより高次の欲求なのかを選択できないか、今ある欲求、すなわち本稿を読むということに固着し過ぎたためである。結果は、サッカー中継も観れないし、読書も手につかないという具合で、いわば欲求は二分割（split）されて、あぶはち取らずに終わってしまうことになりかねない。

〝今－ここ〟という現象学的場

〝今－ここ〟というのは、たとえばセラピーにおいて、今、経験しつつある現実は、まさに〝今－ここ〟という場で生起している現象であるが、その現象そのものの総称をいう。ゲシュタルト療法では、この〝今―ここ〟を現在性（presentness）といって重要視する。現在性こそが、クライエント理解や関わる手がかりの宝庫だからである。たとえば、父親のことを語っているクライエントが拳骨をつくっている場合、まず、拳骨をつくっているのは〝今―ここ〟であり、その現象が観察されるのも〝今―ここ〟という場である。これをゲシュタルト療法では現象学的場とよんでいるが、この場こそ観察により気づくことができれば、多くの治療的介入の手がかりを発見することができる。

一方、クライエントの話す問題はトラウマ的体験であれ、心残りであれ、過去のものである。一方、神経症的不安であれ、恐れであれ、これらは未来を先取りしたものである。しかし、クライエントは単に過去になんらかの問題があったというだけではなく、現在においてもその問題を引きずって持っているということであり、一方、未来を不安に思ったり、恐れる場合も、現在においても不安や恐れを持っているということである（Perls, 1973）。言い換えれば、過去のことも未来のことも、現在という時点で問題にしているということである。そして関わるという観点からは、過去のことも未来のことも、所詮、現時点でしか関われないということである。人間は過去に遡って解決したり、未来に飛んでいって経験できないのである。解決したり、経験できるのは現在しかないということになる。したがって、ゲシュタルト療法では、トラウマや心残りの体験、あるいは未来の不安や恐れを〝今―ここ〟で再体験したり、先取りして経験することを心理治療的招きとして勧めるが、主眼は洞察を得て、現在を生きることができるようになるところに置かれている（倉戸、二〇〇八）。

しかし、「〝今〟に生きなければと意識すれば意識するほど、〝今〟に生きることは不可能」あるいは「〝今〟を掴もうとすると、すでにそこには〝今〟はなく、〝今〟にいながらそれを掴むことも、焦点を合わすこともできないという逆説的なもの」（Perls,1973）である。まさに、「興味深いが理解することは難しい概念」であり、「今、現在において何かやってみて初めて掴み得るもの」（Perls, 1973）である。

すなわち、操作的には、〝今〟もしくは〝今―ここ〟は五感で捉えることができるものとする。目、鼻、耳、舌、皮膚などで捉えることのできるものとするのである。換言すれば、「心ここに在らざれば、観れどもみえず、聴けども聞こえず、食らえどもその味をしらず……」（「大学」、一九八三）に象徴的に表現されているものである。

ホメオスターシス

ホメオスターシスというのは、生命維持のために有機体が外界の変化に対応して、内界のバランスを恒常的に保持しようとする生理的機能（Cannon, W.B.）のことである。たとえば、体内の水分が不足すれば喉の渇きを覚えるという現象がある。この喉の渇きを覚える現象があるからこそ、われわれは水分を補給し体内の水分のバランスをとることができるし、また、喉の渇きを解消させることができる。したがって、生命を維持することができるわけである。

ここで留意したいことは、体内の水分の不足は、直接的には知ることができないが、先のように、喉の渇きや皮膚の乾燥などにより、間接的にしか分からないということである。したがって、生命維持に大切なことは、この間接的なサインに気づくことである。

このホメオスターシスが精神的現象のなかにも存在することを見出したのが、パールズであった。すなわち、不快な経験をすれば、不快感や、怒りを覚えることがあるのが、それである。この不快感や怒りは、ちょうど喉の渇きが体内の水分不足のサインであるのと同様に、精神的バランスを保つためのサインとして存在すると理解される。それゆえ、不快感や怒りといえども、それらを押さえたり、無視するのではなく、むしろありのままを認め、それらを取り上げることの方がよいとされる。このありのままを認めたり、取り上げることを、ゲシュタルト療法ではコンタクトをもつとよんでいるが、言語的もしくは身体的に表出すること、すなわち、ゲシュタルト的には〝形〟にすることをさす。〝形〟にすれば不快感や怒りは、もはや〝図〟にとどまることなく「地」へと図地反転するのである。なぜなら、一つには、上述のごとく、精神的バランスを保つためのサインをサインとして受けとめるからであり、二つには、欲求というものは充足されると次善の欲求と交替するためである（倉戸、一九八二）。

社会的現象についても、パールズはホメオスターシスの観点から見ている（Perls, 1973）。たとえば、近隣の家が火災にあっていれば、消火の手助けをするのが、そうである。電車のなかで痴漢に遭っている人を目撃したなら、何らかの方法で、撃退しようとするし、窃盗の犯行現場に居合わせたらなら、可能な方法で防止したり、捕まえる行動にでる。これらが社会的ホメオスターシスと呼ばれているものである。問題は、都市化が進み私事化の浸透した現代において、パールズのいう社会的ホメオスタシスが見られなくなりつつあることであろう。この社会的ホメオスタシスが極端にまで機能しなくなれば、ゲシュタルト社会の崩壊となる（Winter, 1980）。逆に、機能している社会はゲシュタルト社会であり、それは健全な、住民同士が助け合う住みやすい関係が息づく社会となる。

コンタクト

コンタクト（Contact）とは、一般には、「触れる」、「接触」、「接点」などを指すことばである。ゲシュタルト流には、自らの内界や外界と、どのように関係をもっているか、その関係の仕方をいう。「足が地についている」という表現は、外界との関係の大切さを如実に表現していると考えられる。すなわち、「足が地についている」とは、自分があり、そして無理に背伸びしたり、浮わついていなく、また偽りでもない、自分のことばと行動とが統合されている状態をいう。換言すれば、自分とコンタクトがとれていることを表現している。それは、同時に、外界、もしくは環境、とコンタクトクトがとれている状態にあるともいえよう。この意味において、外界とどのようにコンタクトをとっていくかが、その人のユニークさを形づくっていくのである（Perls, 1973）。

自らの内界と接触することは、もう一つの重要なコンタクトの側面である。自らの内に生起する欲求、思い、感情などに気づきをもつことは、自らと自らが繋がっているという点で、生き生きさせる。

筆者の師であるアービング・ポルスター（Erving Polster, 1973）は、コンタクトについて以下のものを提出している。

1　抵抗や感情、あるいは性格特徴とのコンタクト
2　物理的に会えない人や未完結の状況とのコンタクト
3　未知なるものとのコンタクト
4　新しい、あるいは、まだよく知られていない自己とのコンタクト

このようにコンタクトは、自らが自らに関わっている状況を表している。それゆえ、怒りの感情とのコンタクトであったとしても、真の自己（authentic self）とのコンタクトであり、自己に触れることである。「気がつかなかったけれど、私はこんなに傷

つき怒ってたのだ、と気づきました。怒りは良くないと教えられていましたが、怒るのは、むしろ自然なのだ。私にもちゃんと感情があるのだという経験をしました」とのクライエントの述懐があるが、自らの怒りとコンタクトをもち、自らと自らが触れ合っている様子が伺える。

「はじめに」で述べた筆者の「折れたテニスのラケットの夢」も、夢が象徴的にメッセージをくれたものであるが、私と私がコンタクトをもっているものである。

コンタクトをもち得ない状態、すなわち病理的な状況は、ある失感情症のクライエントが、「自分の感情が分からない。今、何を感じているのか。もう一〇年以上になりますが、笑いもしませんし、怒ることもないです」と、口火を切ったことがあったが、これはまさに、自らと自らとのコンタクトをもち得ない状態を物語っていよう。

神経症のメカニズム

生きることは、従来は、人間と外界との葛藤の連続であるとしたが、ゲシュタルト流には、葛藤ではなく、つねに変化しつつある場、星座でいえばコンステレーションにおいて、どのようにコンタクトしていくかといえる。それゆえ、人間は、このような場のなかで外界に巧みに対処したり、他者とうまく関わるためには、すなわちコンタクトしていくためには、自らも変化しなければならない。この変化がみられなくなることをパールズは神経症と呼んでいる（Perls, 1973）。そして、変化のみられない要因としてイントロジェクション、すなわち取り入れたが体内で異物となって消化しきれていないもの。そしてプロジェクション、すなわち投影したものであることに気がつかない、あるいはレトロフレクション、すなわち本来は他に向かわねばならないものを反転して自分に向けること。そして最後にコンフルーエンス、すなわち融合といわれる境界がなくなった状態、の四つを挙げている。

イントロジェクション

イントロジェクション（introjection）とは、基本的には、外界から何かを摂取したり、取り入れることを指す。このことは生理学的には容易に理解できる。人間が成長し生命を維持できるのは、食物を外界から摂取するからである。しかし、丸ごと呑み込んだ食物によるのではなくて、歯で噛み砕くこと、すなわち破壊と、その噛み砕いた食物を消化することによっている。食物は消化されてはじめて骨肉となり、血液となる。しかし、自ら欲するのではなく、無理やり食べなければならないと丸ごと呑み込まれ食物は、食道の奥へと押し込まれはするが、胃に重くもたれることになる。

食物の場合と同様に、ものの見方・考え方、規範、道徳・倫理観、美的感覚など、すべて外界から取り入れるものである。これら外界より取り入れられたものは、身体的あるいは心理的なものと関係のないものはひとつもない（Perls, 1973）。すなわち、外界から取り入れたものが真にパーソナリティの一部になるためには、よく消化され、身に付く必要がある。親の言うことだから、伝統だから、流行だから、革新的だからという理由で丸ごと鵜呑みにするとすれば、それはやがて、重く自らにのしかかってくることになる。このように未消化な態度、行動様式、価値観を呑み込むことをイントロジェクションと呼んでいる。

イントロジェクションの病理的側面は、あるクライエントの述懐からみてみよう。「私のからだのなかは母親に占領されていて、私のものは何もない」と。これはまさに、イントロジェクションした結果に他ならない。それは、私と母親との垣根（バウンダリー）がないので、母親に侵入されている状態を物語っている。母親の言動を鵜呑みにしてきたためであり、さらに掘り下げていえば、鵜呑みにさせられてきた障害といえる。

プロジェクション

プロジェクション（projection）はイントロジェクション（摂取・取り入れ）の反対である。投影と言われているが、自己の願望、感情、期待などを表現できないために、他者に責任をなすりつける傾向を指す。

ここで、病理的なプロジェクションと観察に基づいた推定（assumption）とを区別しなければならない。野球選手はバッター・ボックスに立つとき、相手投手の投げてくる球を推定する。過去のデーターや今日の調子から、つぎに投げてくる球を推定する。しかし野球選手は、これは予測であり、推定に過ぎないことを知っている。それゆえ、自らが推定した球がこないかもしれないことも分かっている。しかし、推測でしかないので球が思った通りこない。一方、相手投手は、絶対間違いなく、自分の弱点であるシュートを投げてくると思い込んでいるときもある。思い込み通りである場合はよいが、そうでないときは悲惨である。そこで、どうしてシュートを投げてこなかったのか、そんなことはあり得ないと相手投手に怒りをぶつけるのは、病理的である。観察と推定との区別がつかなく曖昧になっているからである。

日常生活では、親が果たせなかった夢を子どもに知らず知らずのうちに期待し、子どもが実現してくれることを望むことがあるが、これも親の投影である。たとえば、ピアノなど弾きたかったが機会に恵まれなかった楽器の演奏、サッカーなどやってみたかったがやれなかったスポーツ、事情が許さず受けてみたかった大学教育など、これらを子どもに実現することを期待し、親自らの欲求を充足しようとする心の働きは、このプロジェクションのなせるわざである。

投影同一視については、先にも触れたが、自らのうちに起こっていることや見えているものを他者のなかに見ていることをいうが、これもプロジェクションの病理的な側面である。

冷たく引っ込み思案の人が相手を薄情だと責めるとき、あるいは、あまり好きになれない人が恋愛相手をもう私を嫌いになって見捨てたのだと責め、嘆くとき、これらも病理的なプロジェクションである。

コンフルーエンス

コンフルーエンス（confluence）は融合と訳しているが、自分と外界とが一つであると感じることをいう。部分と全体の区別をすることができない状態もこの範疇に入る。新生児がそうである。母と一心同体であるので、身体内部と外部の区別や自己と母親の区別もない。同様に、大人もエクスタシーの瞬間、宗教的儀式で高揚しているとき、サッカー試合の観戦中味方が得点したとき、などはこの状態にある。合唱隊の一員として声を合わせているときも、まさに一体感がある。この一体感を体感しているときは、同一、恍惚、興奮、快を経験していて、むしろ健全といえる。

病理的となるのは、この一体感が慢性化、あるいは屈折したものになるときである。そのときは、自分についての感覚を失い、自分自身を感じられなくなっている。すなわち、自分が何者なのか言うことができないし、他者も何者なのかを言うこともできない。どこまでが自分で、どこからが他者なのかが分からない。また自己と他者との自我境界が分からないので、他者とよいコンタクトを持つことができない。それでいて、他者から手を引くこともできない。そのような人は自分自身ともコンタクトをすることはできない。

かつて実際に経験したことであるが、ある合宿形式のカウンセリング・グループの参加者は、「神に向かって何を言うのか」と、そのグループの世話人のひとりであった筆者を叱咤したことがあった。その参加者とは、それまでは関係がよかっただけに、筆者は驚かされた。その参加者は、きっと〝神〟とコンフルーエンス状態にあり、あえて想像すれば、〝神〟に成り切っていたのではないかと思われる。この参加者のコンフルーエンスは病理的なものといえよう。確かなことは分からないが、入院加療され、その後、元気になられたということであった。約二〇数年後、奇しくも、筆者はこの参加者と再会し、仕事を一緒にした。そして元気になられたことを確認している。

スノーケルを着けて海に潜ったとき、何年か熟達してきたころの経験である。はじめ水面近くでは水圧をすごく感じたが、水深六～七ｍに達すると、筆者の場合、水圧を感じなく、どこからどこまでが自分のからだか、海と解け合い分からなくなる経験をした。これは海と一体となる経験で、海に抱かれている、あるいは海の一部であるという、何とも言えない、心地よさであった。少々大げさに言えば、海とコンフルーエンス状態にあったと言えるのである。

レトロフレクション

レトロフレクション（retroflection）とは反転のことである。まさしく、「鋭く元へ跳ね返ってくる」（Perls, 1973）である。この傾向にある人は、他者に対してしてあげたいことを自分自身にする。すなわち、自分の欲求を満たすためには外界に働きかけるのが一般的であるが、この傾向にある人は、内に向ける。あるクライエントは罪悪感に苛まれ自分を許すことができなかった。妻も周囲も、許すというし、告悔で神父も、「あなたは神から許されている」と伝えてくれているのに、自分を責めまくっていた。「クリスチャンである私は、サタンの乗移った私自身を徹底的に罰しなければならない」と「罰する」立場と「罰せられる」立場の両方に二分割されていた。そして、とうとう自分を罰するために自死を試みた。しかし、未遂に終わって事なきを得たがレトロフレクションの傾向の強い人といえよう。このように、病理的な場合は、自分が自分の敵となるのである。「私は自分自身を罰しなければならない」とばかり、自傷行為をするとか、「この仕事は私自身を鞭打ってでもやり遂げねばならない」と、過剰反応することをいう。パールズ（Perls, 1973）が述べているように、まるで「私」と「私自身」とは別々の人であるかのように振る舞うのである。そして、再帰代名詞が使われるのが目立っている。

パールズによれば、イントロジェクションの傾向のある人は、実質上は「彼ら」であるのに、「私」という代名詞を使い、プロジェクションの傾向のある人は、実質上は「私」であるのにもかかわらず、「それ」とか「あなた」という代名詞を使う。コンフルーエンスの傾向のある人は、実質上はどちらか分からないのに、「我々」という代名詞を使う。レトロフレクションの傾向のある人は、「私自身」という再帰代名詞を使うのが特徴となる。

筆者はかつて、禅寺で等身大の槍が描かれている額の前に立っていたとき、この槍はどちらを向いて飛んでいくかと問われた。筆者はとっさに身構えたが、槍は自分の方向に飛んでくると応えた。これは自らが問われた経験であったが、何でもかんでも、自らに過剰意識をもつと病理的になるが、上記は自らを見たり、問うもので、健全な方に属する経験といえよう。レトロフレクションについて話すときには、いつも想い出す経験である。

いずれにしても、健全な側面と病理的な側面の両面が存在することに留意したい。

以上、四つの神経症のメカニズムを見てきたが、イントロジェクションの傾向のある人は、他者が自分に望むようにするし、プロジェクションの傾向のある人は、自分の方が他者を責めたいところを、他者から自分は責められていると取る。病的なコンフルーエンスの傾向のある人は、誰が誰に対して何をしているかを知らない。そしてレトロフレクションの傾向のある人は、他者に対してしてあげたいことを自分自身にする。

第2章

ゲシュタルト療法の過程

気づきに始まり気づきに終わる

ゲシュタルト療法の過程は、「気づきに始まり気づきに終る」（Perls, 1969）といわれている。すなわち、クライエントの自己への気づきにより始まり、次から次へと新たな気づきの連続を経て、さらなる気づきへと展開されていく一連の過程であるといえよう。それを、〝形にしていく過程、〝まとまり〟のある〝全体〟への志向の過程、未完結を閉じたり、より完結へ志向する過程などともいうことができよう。それを図示すれば、図1のごとく、〝地＝無意識〟から〝図＝意

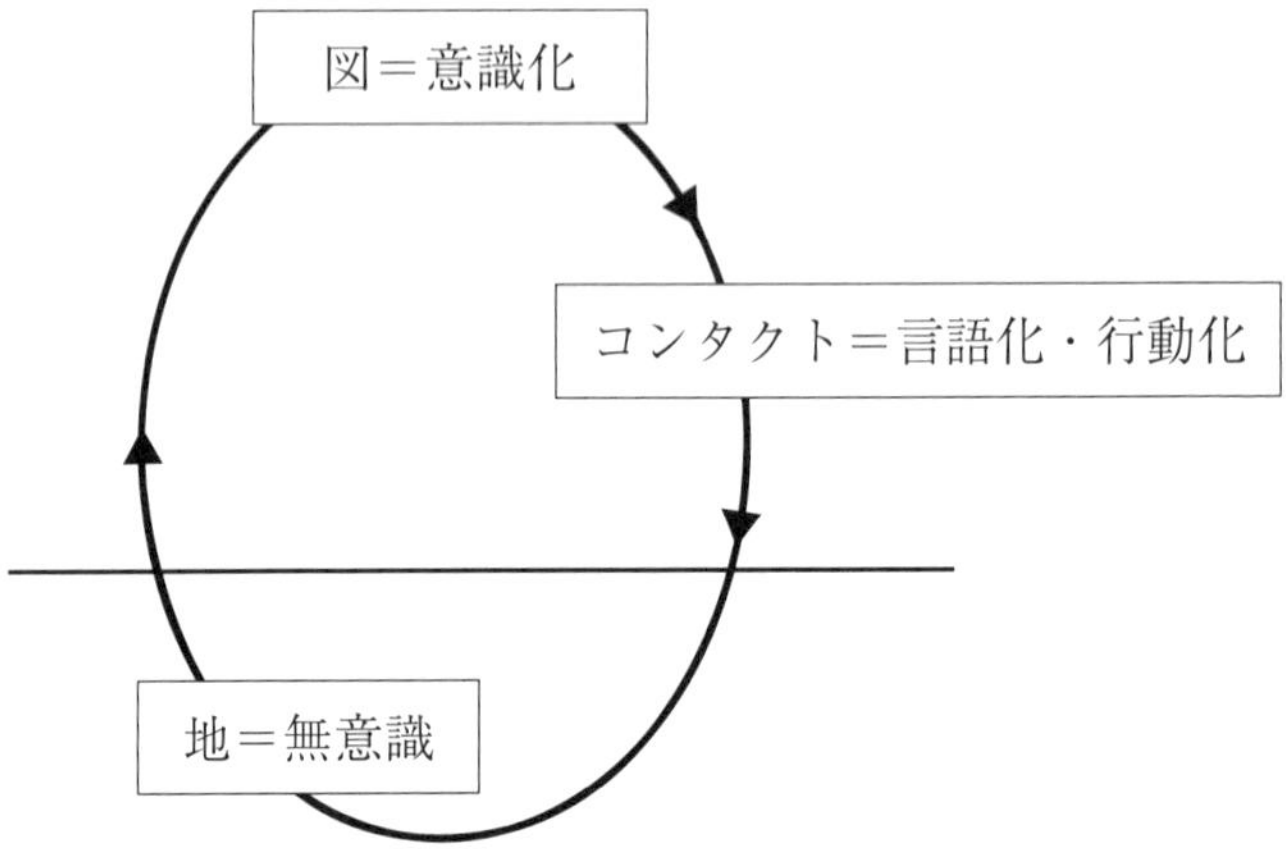

図1　気づきの過程

識〃へ上ってきたものにコンタクトして、それを言語化したり、行動化していき、いわゆる図地反転を経験する過程ともいえよう。そして、この過程は〃今―ここ〃という現象学的場におけるセラピストの介入を媒介にして促進されるのである。(図1)

罪悪感と希死念慮が強いクライエント

ここで、あるセラピーの断片を紹介しよう。数字の4や9に遭遇すると恐怖をいだく男性、たとえば通りすがりの車のナンバーにそれらの数字を見ると自分の死を意味すると取り、また救急車のサイレンの音が聞こえると自分のところに迎えに来るという恐怖をいだくクライエントの例である。このクライエントは罪悪感と希死念慮が強かったが、あるセラピー・セッション中、偶然、救急車のサイレンのけたたましい音が聞こえてきたとき表情をこわばらせた。そこで、筆者はセラピストとして関わっていたが、「サイレンの音って、どんな感じですか」と切り出してみた。クライエントは「怖いです。とくに近づいてくると」と、応答した。セラピストは「怖ければ、怖い！　とそのまま言ってみませんか」と、これはゲシュタルト流の治療的招きなのだが、そう勧めてみた。はじめはそんなこと言えないと、躊躇していたクライエントも、「今、言った通り、そんなこと言えないと言ってみて下さい」とのセラピストのさらなる勧めに、漸次、言語化しはじめた。そしてとうとう、ありったけの力を振り絞って、「怖い！」を連発した。声が渇れるまで、そして全身で表現した。それは恐怖の表現そのものであったが、セラピストには恐怖そのものという感じと同時に、一方においてどこか、クライエントの深遠な心の叫びとでもいえるものが感じられた。そうこうするうちに、サイレンの音は遠ざかっていった。相談室に、しばしの静寂さがもどった。そこで、「今は、何か思いめぐらしていますか」と、セラピストが介入。さらに、漸次、「なにが聞こえますか」「なにが見えますか」と単純なことがらに絞り、五感を通して気づくとはどういうことか、そしてその領域の違いを経験することに時間が費やされた。

このようにして現実と想像との境界があいまいになっていることに気づいていったクライエントは、小学生のころ再三父親から殴られ愚弄された経験に想い至った。「言葉にならないくらい、ひどかったんですよ。理由もないのに、ちょっとしたことで殴られ、『このろくでなし！』と罵られ、ときには逆さずりされた。だからいつか『殺してやろう！』と心に決めていた……（中略）……しかし、その親父も死んでしまって……後から分かったことですが、いい親父だった面もあったんですが、臨終にも間に合わなくて、一言、良い親父だったって言ってやりたかったのに……」と号泣した（倉戸、一九九三）。この過程は、精神分析的にはクライエントの去勢不安からくる潜在的恐怖と、結局は良い親父であったにもかかわらず殺意念慮をもったこと、そして言ってやりたかったことを言わないうちに死んでしまったことの罪意識への置き換え、などとやがて洞察を得ていくものと理解できるかもしれない。しかし、ゲシュタルト流には、怖い気持ちに気づき、言語的にも身体的にも表現をしていったためにもたらされた気づきの過程といえよう。そしてそれは、クライエントにとって上記の恐怖や希死念慮とどう向かい合っていけばよいか、どうサバイバルしていけばよいかの手がかりを得る第一歩であった。

第3章

ゲシュタルト療法の関わりと技法

関わりの特徴

ゲシュタルト療法の関わりは、あくまでもクライエント自らが自己や外界に対する気づきを惹起することである。この関わりはゲシュタルト流の人格論や臨床経験などに裏づけられており、かつセラピストの全存在でもってなされるのであって、ひとり技法が先行することは厳に慎まなければならない。

そこで、ゲシュタルト療法の関わりの特徴をいくつか挙げておく。

1 セラピストの解釈を極力避け、触媒としてのセラピストの介在を通して、クライエントに気づきをもつ機会を提供する。
2 セラピストは〝今—ここ〟における自明な現象を取り上げる。
3 ことばは、できるだけ第一人称で現在形を使うよう勧める。
4 周囲を操作することにではなく、セルフ・サポートへと結び付くようにエネルギーを使うよう勧める。
5 自己に対決する機会を提供する。

6　非言語的なものに注目する。
7　〝実験〟（イメージ法や擬人法による）を通して気づきを促進する。
8　〝図〟に上っているものの言語化を勧める。
9　未完結の経験を完結する機会を提供する。

以下に、技法として、よく用いられるものを挙げておく。

ホット・シート

これは椅子に想像する他者や自己を座らせて対話する技法である。たとえば、「今、仮にこの椅子に母親が座っているとしたら、どんなことを話したいですか」は、その例。そうすると、セラピーは〝今－ここ〟で母親と対面しているかのように展開し、クライエントの母親に対する思いや感情、伝えたいことなどを〝形〟にしながら気づきを得ることができる。そして、心残りの経験を完結へと導くきっかけを掴むことができる。「～すべき（トップ・ドッグ）」と「～したい（アンダー・ドッグ）」という対立している葛藤の対話もこの範疇に入る。このように他者の眼前での緊張や興奮で

〝ホット〟になるところから、この名称がある。

このホット・シートはエンプティ・チェア、もしくはチェア・テクニックとも呼ばれている。エンプティ・チェアは対峙する他者や自己、あるいは事物を空（エンプティ）の椅子（チェア）に置き、対話するからであり、チェア・テクニックというときは対峙する椅子をはじめとして、複数の椅子を用いるので、その名がある。

日本では、寺の広間や畳の部屋でセラピーが行われる場合、座布団を用いることがあるが、西洋式の椅子に比べて、心理的距離を取るときや移動させて対峙するときなどは、経験的に言って、座布団の方が自由自在で、より便利である。また、座布団を何枚も重ねて権威的、あるいは威圧的な人物に象徴的に見立てる場合にも、有効である。

ファンタジー・トリップ

これはファンタジーの世界に入り、体験する技法である。たとえば、ファンタジーのなかで海底に潜ってみるのがそうである。「海底に潜ってみる」という、予め設定されたファンタジーのなかで未知の自己に出会ったり、既に他界した肉親に遭遇したりする経験をするのである。

あるワークショップの参加者は海底で偶然、未だ会ったことのない父親に出会っている。それは戦時中に行方不明で戦死したと伝えられている父親との出会いであったが、それまでの彼は戦後三〇年近く経っていたのにもかかわらず、当時の厚生省からの戦死の通知にも同意してはいなかったのである。そういう彼であったが、ファンタジーのなかで海底に潜り、白骨化した人骨に出会うのである。「お父さんですか……お父さんでしょう！」と、何度も嗚咽しながら呼びかけ、とうとう父親であることを洞察するに至るのである。「僕はお父さんの本当の顔を知らない……どんなお父さんだったのですか。僕が生まれていたことを知っていましたか……僕は、お父さんに、どんなに会いたかったか……苦しんだけれど、お父さんの息子として、ここまで一生懸命に生きてきましたよ……（中略）……お国のためといわれて戦ったお父さんは、ほんとうは、どんな気持ちだったんですか……どんなに辛かったかと思うと胸が張り裂けそうです……（中略）……お父さんに会えて嬉しいです……」と、永年の気持ちを満たす経験をしている。

気持ちが満たされると、今度は父親の死を了解でき、また同時にお別れをすることができている。参加者は、まさに宗教的とさえいえる感動の過程を経験して終結している。セラピストとして立ち会った筆者も、またグループの参加者も、敬虔な思いに浸され、ともに感動し合ったセッションであった。これは、一例であるが、ファンタジー・トリップには介入技法としてのパワフルな治療的側面のあることが分かる例である。

ファンタジー・トリップには、右記のように、予め導入の方法がきめられたものと、そうでないものとがある。たとえば、「バラの木」に自らを喩えるものが前者であり、「自らを何かに喩えてください。何でもいいです」は後者である。

夢のワーク

これは「夢を生きる」ともいわれているが、夢に登場する人物、事物、雰囲気などになってみて、夢を再現し、各々言語化や行動化する体験をいう。これは、夢は実存的メッセージ（Perls, 1969）であり、「夢のワーク」をすると、そのメッセージが得られるとする仮説によっている。たとえば、「夢のなかでエスカレーターに巻き込まれ、細切れになった自分の身体」と対話をしたクライエントは、「おまえは馬鹿やな、醜い体になって……」と話しかけた。「自分自身が嫌になった……（中略）……もう見たくない」と続けたが、役割よろしく交代して〝細切れになった身体〟になってみると、「ここまで僕を追い込んだのは誰だ！　ここまで僕をいじめなくてもいいだろう！」と、応答した。クライエントは、そこで、自分の夢が象徴するごとく、自分で自分が好きでなく、ありのままを受容できないことを語った。そして、「おまえが可哀想になってきた……おまえだって……おまえでなくて、自分自身だものね……」と、自分で自分を蔑ろにしていたが、今は、こよなく自分を愛おしくなったことを洞察する実存的メッセージを得ている。一つの夢のワークの例（倉戸、一九七七）である。

ここで、〝細切れになった身体〟とは、まさに自己受容ができなく、価値を置いていなかった、すなわちゲシュタルト療法的には、〝地〟に追いやっていた自分であり、「おまえでなくて自分自身だものね」は、自己受容が芽生えてきている自分であり、〝図〟にすることができた自分である。

ところで、ゲシュタルト療法の夢のワークのすごさは、登場する人物はもちろんのこと、事物であれ、雰囲気までも、夢はパーソナリティの〝穴〟もしくは欠けている部分の投影されたものと考えるところにある。それゆえ、夢に登場するものを演じてみる（act out）、あるいは成りきってみると、〝穴〟あるいは欠けている部分からのメッセージが分かり、なるほどと合点がいくところにある。

夢の具体例については、本書の後半の事例のところで提示している。

ボディ・ワーク

これは身体と対話し、身体になってみる経験である。たとえば、凝っている肩になってみて、言語化したり、行動化する経験をいう。方法論的には、擬人化し、イメージ化するものであるが、言語を持たない身体に発言させるのである。目的は、気づきを得ることである。

たとえば、凝っている肩になってみて、「こんなに僕（肩）が凝るまで無理するなよ！」などの言語化は、その例。

そう言われた頭の方は、「お前（肩）がすぐ凝るから、私（頭）は十分仕事ができないじゃないか。今の世の中、無理しないではやっていけないよ。だから、もうちょっと、強くなってくれないと困るよ」と、応答する。

肩の方は、「僕（肩）の身にもなってくれよ！　いいかっこばかりして、そんなにかっこつけるなよ！　僕（肩）は痛くて、最近、手が上に上げられないよ。四〇肩でもあるまいし。また三〇代の前半なんだぜ」と、訴える。

ボディ・ワークは、このように、私（頭）と身体と対話するのである。そして、実存的メッセージ、あるいは意味が得られると終結する。

右記の場合は、「そんなに弱っていたのか。分ったよ。四〇肩になったら困るな……無理させて悪かった。少し気をつけるよ。ごめんな」と、頭（私）。

肩は、「……分ってくれたらいいんだ……」と言い、互いに分り合い、和解して終結。

第4章

ゲシュタルト療法の人格論

人格のとらえ方

ゲシュタルト療法では、人格とは、精神分析において主に用いられてきた自己を構造的に説明する概念としながらも、人間関係のなかで培われてきたその人なりの〝らしさ〟を示すものであるとしている。この、その人なりの〝らしさ〟や行動を、どのように把握するかがゲシュタルト療法の立場からの人格論である。

このようなゲシュタルト療法の人格のとらえ方は、人格を外的枠組から要素論的に把握し説明するのとは異なり、あくまでも人間の内面的全体像、すなわち心的ゲシュタルトとして実存的意味や価値を自ら問い、そして意志をもち、選択する主体の側からみようとするものである。このような見方は、それゆえ、心理療法におけるヒューマニスティックな流れの範疇に入れられている。

このようにとらえられる人格は、人間の誕生とともにその形成が始まるとされる(Polster, 1973)。この人生の最初の時期における人格は、有機体としてみれば、他者に頼らねば生命を維持していくことができないという意味で依存的であり、しかも、自己を特徴づける心身の内面的体制が未だ形成されていないという意味において、未成熟な状態といわざるをえない。このような依存的で、かつ未成熟な人格は、誕生に始まる他者との人間関係を経て、やがて、後述するような独立した人格へと志向するのであるが、この依存から独立へ、あるいは未成熟から成熟へと至る過程こそが、パールズのいう人格の統合過程ということになる。

不統合の人格像

臨床的経験のなかで観察される不統合の人格像は、一つには前述の如く、いくつもの欲求が競合していて、バラバラあるいは二分割（split）され、選択することができない人格像のなかにみることができる。たとえば、

「腹ではうるさい奴」と感じていても、なかなか口に出して言えない。言ったら相手に睨まれる。それが嫌や……（中略）……自分の中にもう一人の自分がいるみたいで、押し問答している。「こんなこと言ったら、相手はどう思うだろうか、きっと気分を害するだろう」「それなら、言い方を替えて言ったらいいではないか」「結局、そ

んなことばかりやってるから、ほんとに言いたいことが言えない」（倉戸、一九八一）は、その例である。

これは、相手を気にしすぎて自分で感じることを素直に言語的に表現できない場合であるが、自己の欲求が〝図〟としてまとまらない状態、すなわち二分割の状態にあるといえよう。

この二分割された状態は、建前（shoulds）と本音（wants）が裏腹で、「否」といいたいときに「否」といえず、あげくのはてには自己疎外感に悩む現代人の特徴であるのかもしれない。しかし、この二分割の状態が嵩じると、自己の欲求が何かさえ分からない状態、すなわち、欲求が〝図〟として統合され得ない神経症様の徴候を呈するようにもなる。

「心臓がドキドキしてね。震えて、口が……何を言ってるのか分からないしね……それで言葉もね、誰かの、あの、言い方を真似しているみたいで……自分の言葉でないしね。自分の言葉でなくて、他人の言葉を伝えてるだけみたいで……自分の考えがないしね、なんか何時も、何してているか分からないんですね」（倉戸、一九七七）

右記のように、自分の言葉が自分のものとして感じられないことほど痛ましいものはないが、まさに、これこそが自己疎外現象であり、不統合の人格の様相なのであろう。

ところで、これら不統合の人格像にみられる自己疎外の現象は、どのような過程によって生起されるのであろうか。パールズ（一九四七：一九五一：一九六九）にしたがえば、基本的には、感情がありのままに表出されなかったり、曲解されるとき、すなわち、感情が自己のものとして経験されないとき惹起されると仮説される。たとえば、怒りの感情が知覚されても、それをどのような形においてもとりあげない、あるいは、悲しみや嫌なことがあってもそれらを表出すべきでないと一途に言い聞かせたりするなどがそうである。換言すれば、知覚された感情が全体として統合されることなく、むしろ、体内で感情と身体と各々バラバラに、あるいは食い違って経験される過程から引き起こされると考えられる。それゆえ、より統合された人格への転換はとりもなおさず、経験された感情を自らの感情として所有（own）していく過程と仮説される。それは、なにも経験した感情を全て単純に表出したらよいといっているのではなく、意識化することをさしている。なんらかの形において意識的に関わることを意味している。したがってその結果、場合によっては、他者にむかって表出しないこともあり得るのである。

また、不統合にある人格像は、パールズがいう未完結の経験（unfinished business）の観点からみることもできる。

ここで、未完結の経験というのは、一口でいえば、中途半端な不満足な経験、完結していない経験で心に残ってしまうものを指している。フロイトの概念でいえば抑圧に近いものである。それゆえ、ゲシュタルト療法的には、〝地〟に押しやられてはいるが、それは完結されるまで何回となく〝図〟に上ってくるものをいう。いわゆる心残りの現象がそうであるし、夢などもこの範疇に入る場合がある。つぎは、その例である。

「父親が亡くなったときのことであった。中学校に入学したばかりのときで、ただ泣いてばかりいた記憶が甦ってくるが、今から思えばなにか割り切れないものを感じていた。それは野球が好きだったので、野球部に入って本格的にやろうとしていた矢先だった。しかし、そのときは、親戚の人や学校の先生が、僕は男だから、喪主になって立派に葬式を出さなければお父さんも浮かばれないというので、無事に葬式を出すことばかり考えていたんです。泣かないで、弔問の人に頭をさげて……後で立派な葬式だったって、皆がいってくれた。でも、何かひっかかるものが今でもあるのです……」と、両手に拳骨をつくった。

何か未完結の経験が〝地〟に潜んでいるようであった。そしてそれが、〝図〟に上ってこようとしている様子であった。エピソードの内容だけでなく、クライエントの声の調子や感情の高揚が、そして拳骨をつくっている身体がそれを物語っていた。

そこで、〝今―ここ〟で再体験をする治療的介入をすると、

「どうして死んだんや！　これから野球部に入って好きな野球をしようと思っていたのに、できなくなってしまったじゃないか。父さんが死んでだれが家の商売を継ぐんだ。僕しかいないんだから学校をやめなければならないじゃないか」と拳骨でクッションを叩きながら号泣した（倉戸、一九七七）。

そして、この再体験のなかで悲しさもあったが、悔しさと、むしろ憤りを感じていたが、それを押さえ込んでいたために未完結の経験になっていたことに気づいていった。不統合の人格の状態は、いまみてきたような未完結の経験を含めて、外界や他者とうまく関われないとき生じる抵抗によってももたらされる。

抵抗には、先ず、摂取（introjection）がある。それは、あたかも胃のなかの異物の

ごとく、飲み込んだ不消化のままの価値観をさす。たとえば、同棲していることになぜか罪の意識を過度に感じていたクライエントが、セラピーのなかで、結婚前の性関係はもつべきではないという親の価値観を鵜呑みにしていたための葛藤と分かったのは、その例。つぎに投射（projection）がある。これは、自己の容認できない感情やことがらを他者のせいにする場合である。たとえば、自己のセラピストとしての力量不足が原因なのに、それに気づかず、あのクライエントはグループ・セラピーには適していないなどという場合が、この例。反転（retroflection）は、他者に向けられたものが、反転して自分に向かってくることをいう。たとえば、幼いとき、必要なときでさえも誰からも構ってもらえなかった人が後になってあたかも自分を自分で構い、慰めるかのごとくに、極端に美食家になったり、自分の気にいった洋服を買いあさったり、高級車を乗り回すなど、自己愛に浸る場合が、この例。さらに融合（confluence）がある。これは、他者に同調してしまうことをさす。たとえば、夜の一一時半という非常識な時間に電話でドライブに行こうと誘われても、「否」といえない場合である。「否」というと、友人を失うかもしれないという恐れのため、同調行動をとり続けるクライエントは、この例である。

統合を志向する人格像

統合された人格像をパールズは、スタイン（Gertrude Stein）の〝A rose is a rose is a rose.〟になぞらえて、仮説している（倉戸、一九八三）。すなわち、バラの花はバラらしいときにバラの花としての価値があり、また美しいというメタファーのなかに統合された人格像をみている。換言すれば、人間は、他の誰でもないその人らしさや行動のなかに生きるとき実存的価値があり、また統合された、あるいは成熟した人格の持ち主ということができるとしている。

成熟するとは、パールズは「果物が熟す」（一九六九）という例を挙げているが、ゴールドスタイン（Goldstein, K.）がいう自己実現傾向のことで、自らのうちに潜在的にあるポテンシャリティ・可能性が発揮されることをいう。パールズはまた、環境と関わりながらセルフ・サポートのできる人間、すなわち応答できる能力（responsibility）の持ち主になることを責任性といい、成熟とは責任性のある人間になることをいう（Perls, 1973）。

統合とは、成熟と同義語である。前述のように、熟す過程、あるいは未成熟からセルフ・サポートができ、応答のできる人間に至る過程が統合である。

統合された人格像は臨床的には、〝今－ここ〟での自己の欲求の何かが〝図〟として知覚され、そのような自己に自己として関われている状態、あるいはそのような状態が継続するなかで、欲求の図地反転が円滑に機能している状態のなかにみることができる。たとえば、あるセラピーの終結期で語られたものを挙げる。

「強い私と弱い私が別々に存在していたからこそ、苦しかったけど、どちらも私なんだという体験をした。もう、苦しくない……（中略）……私は卒業しました。一人の女、女まではいかないけれど、一人の人になりました。独立をしました。何か、そんな感じ」

そして数セッション後、「自分を支えている」自己を発見し、「新しいところへ行けそうな」そして「自分らしさみたいなものを生かしていけるんじゃないか」と、蘇生へと脱皮していく過程を歩んで終結をみている（倉戸、一九七九）。

以上は統合を志向している人格像とみることができよう。いずれの場合も、臨床的経験のなかで観察されたものであるが、パールズのいう依存から独立へ、あるいは未成熟から成熟へと志向しているのが伺えよう。本書の後半において報告されている事例は、統合を志向しているものと言えるが、その統合を志向する過程とともに提示されている。

ゲシュタルト療法の課題

ゲシュタルト療法の課題の一つは、昨今とみにいわれる、いわゆるボーダーライン・パーソナリティ障害ややる気がなく話さない、〝うつ〟傾向など、難ケースに対する臨床と理論化の問題である。とくに、これらのケースに技法を適用する場合は、技法のみが優先されないよう、とくに留意しなければならない。すなわち、どの技法をいつ、どのように用いたらよいか、セラピストは選択する技量をもたなくてはならない。そして、この技量を身につけるためにも、この派のセラピストを志す人は、この派のセラピーの経験をすることが鍵になる。

さらに技法の適用に関しては、この派の技法がグループ・セラピーのなかで育まれてきたものが多いだけに、個人セラピーに適用する場合、留意しなければならない。筆者の経験では、そのまま模倣しても、成功しなかったり、クライエントに拒否されてしまうことが多かった。したがって、これらの技法を適用する際には、既存の技法を単に模倣するのではなく、たえず吟味しながら自らの技量のなかに取り入れ、治療的効果や意味について問わなければならない。

文献

Perls, F. (1969) Gestalt Therapy Veratim, Real People Press（倉戸ヨシヤ監訳（二〇〇六）『ゲシュタルト療法バーベイティム』ナカニシヤ書店）

Perls, F. (1973) Gestalt Approach & Ey Witness To Therapy, Scince and Behavior Books（倉戸ヨシヤ監訳（一九九〇）『ゲシュタルト療法―その理論と実際』ナカニシヤ書店）

Polster, E.&M. (1973) Gestalt Therapy Integrated, Brunner / Magel

倉戸ヨシヤ（一九七八）「ゲシュタルト療法におけるDream Workについて」『甲南大学紀要』文学編 28 30―55

倉戸ヨシヤ（一九八二）「パールズの理論」篠置昭男・中西信男編『人格の心理と病理』第4章 福村出版 77―83

倉戸ヨシヤ（一九八二）「精神的健康性について―ゲシュタルト派からの仮説―」『甲南大学紀要』文学編47　66―67

倉戸ヨシヤ（一九八九）「ゲシュタルト療法」河合隼雄・水島恵一・村瀬孝雄編『臨床心理学大系』第9巻、金子書房

倉戸ヨシヤ（一九八九）「ゲシュタルト療法」原野広太郎他編『性格心理学新講座』第5巻　133―138金子書房

倉戸ヨシヤ（一九八九）「ゲシュタルト療法」『心理臨床』第2巻4号、307―312

倉戸ヨシヤ（一九九一）「ゲシュタルト療法」氏原寛・村瀬孝雄・小川捷之・東山紘久編『臨床心理学大辞典』培風館

倉戸ヨシヤ（一九九三）「ゲシュタルト療法」氏原寛・東山紘久編『カウンセリングの理論と技法』ミネルヴァ書房　90―98

Polster, M. Gestalt Therapy In Zreig, J. K. (edt.)The Evolution of Psychotherapy, Milton H. Erickson Foundation, 1987（倉戸ヨシヤ訳（一九九〇）「ゲシュタルト療法―その誕生の過程と臨床への応用―」成瀬悟策監訳　『21世紀の心理療法』第2巻　誠信書房　552―577）

第5章

エンプティ・チェア技法について

エンプティ・チェア技法とは

エンプティ・チェア技法（Empty chair work）とは、もともとは、どこにでもある空（エンプティ）の椅子（チェア）を用いる技法なので、この名がある。椅子はもちろんのこと、クッションを用いるときもあるし、和室でする場合は、座布団を用いることもある。先述のごとく、座布団の場合は、何枚も重ねたり、感情の赴くまま、抱きついたり、叩いたり、投げたり、あるいは離れたところに配置して心理的距離を表すことができるので、セラピーの展開がみられ、なかなか便利である。

この技法は空の椅子に、イメージのなかに浮かんできた自己や他者を座らせ、対話するものである（倉戸、一九八九；一九九八）。たとえば、セラピーのなかで父親から児童虐待を受けていたことを喋っているクライエントに、「今、仮にこの椅子にお父さんが座っているとしたら、どんなことを言いたいですか」とのセラピストの介入が、その例である。そうすると、セラピーは〝今－ここ〟で父親と対面しているかのように展開する。そしてその展開のなかで、クライエントは父親への怒りの感情や自責の感情、また伝えたいことを言語化し、自らへの気づきを得るのである。

この技法は、ゲシュタルト療法の治療的招き、すなわち介入の一つであるが、未完結の感情や思いを表出し、完結へと導くきっかけを提供する。エンプティ・チェアに座らせる対象は、クライエントが対峙したい人物であるが、未完結の経験を表出したい人物、感情をぶつけたい人物、避けてきた人物、本当の気持ちをいまだ伝えていない人物、現在の自分自身、そして過去の自分や未来の自分がある。さらに対象となるのは、夢、あるいは山や川、事物や出来事、それに祈りの場合もある。ときには、ペットや愛車など、悲哀や憎悪の対象になったものは、すべて含まれる。すなわち、クライエントの意識のなかで〝図〟になっているものを、エンプティ・チェアに座らせるのである。そして言語であれ、感情であれ、あるいは行動であれ、ひとしきり表現するのである。表現ができたら、こんどは、椅子を交代して、その空の椅子に座ってみるのである。そして身体で感じ、あるいは応答するのである。すなわち、役割交代よろしく、今、座っている椅子と空の椅子との間を往き来しながら、気づきを得るのである。〝今―ここ〟という現象学的場でのエンプティ・チェア技法は、心理臨床の技法として治療的に有用なもので、フェイガンらが述べているとおり、パワフルであり（Fagan, J. & others, 1974）、ゲシュタルト療法を代表する技法の一つである。

ゲシュタルト療法の提唱者パールズとエンプティ・チェア技法

ゲシュタルト療法の提唱者パールズは、エンプティ・チェア技法をその著「Gestalt Therapy Verbatim (1969)」や「Gestalt Therapy Eye Witness (1974)」（どちらも倉戸ヨシヤ監訳、ナカニシヤ出版、二〇〇六；一九九四）のなかにおいて頻繁に用いている。エンプティ・チェアは、彼がセラピーで用いる六つの小道具のなかの一つである。このエンプティ・チェア以外の五つの小道具とは、彼の能力、クリネックス・ティシュ、ホット・シート、シガレット、それに灰皿である。ここでホット・シート（hot sheet）という名称が出てくるが、パールズの著作においては、むしろこのホット・シートという表現の方が多い。ホット・シートは、通常グループで行われるゲシュタルト療法のワークショップにおいて、パールズのセラピーを受けるために前へ出てきて座る椅子のことである。その椅子に座って、そこに居合わす参加者の面前でセラピーを受けるのでホット（hot）になったり、緊張するので、この名がある。そして「クライエント自身のパーソナリティと他者のパーソナリティを演じるもう一つの椅子がエンプティ・チェア（空の椅子）」（Perls, 1969）なのである。しかがって、クライエントはホット・シートとエンプティ・チェアとの間で、交代して対峙するのである。

パールズは、ワークショップの逐語記録のなかで、「ここにあるホット・シートを使って、短時間に介入して見せましょう」（前掲書、p. 75）と、その効用について触れている。彼の前出の両著作は、ほとんどが逐語記録であるが、その大部分は、このホット・シートであれ、エンプティ・チェアであれ、チェア・テクニックといわれる技法による記録である。そのうちの一つであるリンダの例を見てみよう。以下は、セッション後半からの抜粋である（初出訳、二〇〇六）。

自らを自動車の古いナンバー・プレートに譬えたホット・シート上のリンダは、「私は湖に投げ捨てられて底に沈んでいます……私は錆びてはいないのですけれど……私は価値がないので、もう使われていません。（後略）」と、語る。すると、セラピストであるパールズは、「……その点についてあなたはどう感じますか」と、介入していく。

リンダ：「（ため息をついて）役立たない、時代遅れで……ナンバー・プレートの利用価値は、一台の車に、走行してよいと、許可を与えることです……でも私は時代遅れですから、何かに許可を与えることはできません……（後略）」

パールズ：「なるほど、さぁ、今度はその湖を演じてみてください」と、空の椅子を勧めながら、エンプティ・チェア技法を導入する。

リンダ：「私は湖です……私は干し上がって行き、姿を消し、大地の中に吸収されていきます……（驚いた様子で）死んでいきます……でも、私が大地に滲み込むと、私は大地の一部になります。それでたぶん私は周囲の地域に水を供給することができるでしょう。（中略）……新しい生命の誕生です……私の中から（泣く）……」

パールズ：「実存的メッセージを得ましたね。」

リンダ：「はい。（中略）私はもはや子どもを生むことはできません……でも……私は栄養ですと言いたい。私は、水のように……私は大地に水を供給し、生命を与え、生きものを誕生させ、成長させる。（後略）……」

パールズ：「……表層ではあなたは何か人工的なもの、ナンバー・プレートを見つけ出す。しかし心の奥深く進めば、見かけ上の湖の死は、実際には実りや豊かさをもたらすことに気づく……」

リンダ　：「私は、もはやナンバー・プレートや許可を必要としません。何かをするための許可なんか……（中略）……私が創造的であるために許可を必要としません……ありがとうございました。」

このリンダの例で分かるように、エンプティ・チェア技法は、簡潔に、かつ有効にセラピーを促進させている。すなわち、リンダの、「価値のない自分」と「創造的な自分」との両極性の葛藤を収束させ、実存的メッセージ、あるいは意味を与えている。

先にあげたフェイガンは、「エンプティ・チェアは、たぶんもっともよく知られ、広く用いられるゲシュタルト療法の技法である。熟練したセラピストの手にかかると、単純で容易に見える。クライエントは椅子を交代し、クライエントの異なったパーソナリティの側面を見せてくれる。あるいはクライエントと他者との関係を見せてくれる。セラピストはそれを黙って見ていて、『椅子を交代して』とか、ときにはもう一度繰り返し、声の調子や身振りを表現することを提案もする。これらは単純に見えるかもしれないが、セラピーのプロセスや抵抗の概念を理解していなければそうはうまく運ばないのである。技法は、ときに激しい感情を惹起させることになるので、十分に、感情やその表出のプロセス、非言語的サイン、未完結の経験とクロージャー（閉じること）もしくは完結、両極性やその二分割されている様子、などについての理解をしておかなければならない」（Fagan & Others, 1974）としている。このフェイガンの記述のなかに、エンプティ・チェア技法の基本が示されている。

エンプティ・チェアについて、パールズの妻であり、ゲシュタルト心理学とゲシュタルト療法との関係をしっかり踏まえていたローラ・パールズ（Laura Perls, 1982）は、つぎのように述べている。

パールズはナチスの迫害からオランダ・南アフリカを経由して、最後にはニューヨークに逃れ、ウイリアム・ホワイト・アーレンソン精神分析研究所に引き取られて、米国における活動を開始する。しかし、彼のユニークなパーソナリティのためにか、活躍すればするほど、必ずしも仲間とうまくいかなかったということである。また、ゲシュタルトという名称を冠した彼のセラピーは、当時のアカデミックなゲシュタルト心理学者からは拒否されたという。ところが、「パールズがホット・シート技法を用い始めると、専門家の間で注目され始めた」（前掲書 p. 16）のである。ホット・シートは、エンプティ・チェアとともに、漸次、ゲシュタルト療法の代名詞になっていくのである。しかし、ローラは、パールズがよく用いたデモンストレーションのなかでならよいが、「日常の心理臨床のなかでエンプティ・チェアばかりを使うわけにはいかなく、もっと基本的な対話というセラピーの介入法が必要である」（前掲書 p. 16）と、指摘している。

このローラの指摘には筆者も同感であり、とくにエンプティ・チェア技法を用いた後の気づきや概念化をすることにセラピューティックな意味があると思っている。それは、いわば傷口を開けたまま放置するのではなく、なによりもクロージャー、すなわち完結して閉じることを強化するためである。また、エンプティ・チェアをいつ、何のために、またどのように導入するか、がセラピーの展開の鍵になると思っている。技法をやたらに用いるのは、パールズが言うごとく、ごまかすための小細工になり、かえって不必要な弊害をもたらすものとなろう。それゆえ、ゲシュタルト療法の人格論や理論の理解と実践のための訓練を受けることなしに安易に用いることは厳に慎むべきである。

広義のエンプティ・チェア

筆者はエンプティ・チェア技法は、その広義の意味においてであるが、日常生活のなかでも、創作活動や教育のなかでも、実は、無意識に、すでに使われていると思っている。そのあたりについては、日常生活、創造的活動、メタファー（比喩的）が考えられるが、心理臨床におけるものを含めて、それぞれについて、みてみよう（図2）。

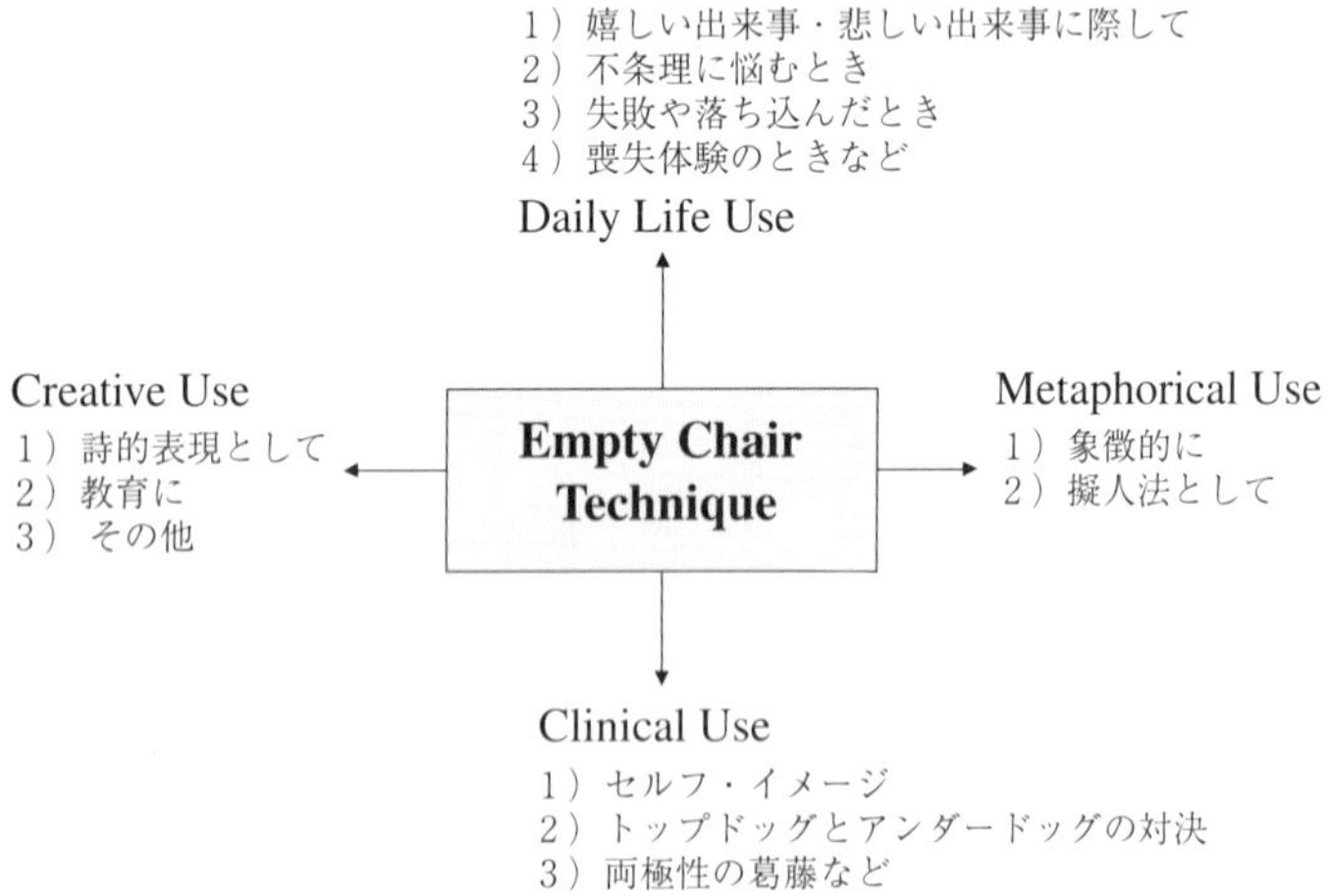

図2　広義のエンプティ・チェアの展開

日常生活のなかで

日常生活のなかで、思いの中の誰かに向かって叫んだり、自分に向かって罰することばを発したりしていることがある。これは意識もしていないし、技法として使っているわけではない。ただ自然に使っていることが多い。たとえば、「こんちくしょう！」と、相手の顔や仕草を思い出して、そのイメージに思わず口から出している。何か理不尽なことがあったとき、フラッシュバックがあるときなど、気持ちが収まらなくてひとり叫んでいる。ひとりごともそうであるが、そのような経験がおありにならないだろうか。この叫びは、まさに広義のエンプティ・チェア技法であり、そうして自分の感情のバランスを取っている、すなわちパールズのいう精神的ホメオスタシスの働きである。

筆者は先年、若くして亡くなった弟と対話するときがある。もちろんイメージのなかであるが、弟に向かって、「なんで死んでしまったのだ。馬鹿だなおまえは！」と、さぞ無念であったろう弟の気持ちに思いを馳せながら、筆者の何もしてやれなかった後悔の念を、ぶつけている。

台風一四号が宮崎に上陸したとき、家を土石流に壊され、夫を助け出せなかった八一歳の妻が、「お爺ちゃん助け出せなくてごめんね」と、テレビの取材に応えていた。八五歳のお爺さんと二人暮らしであった妻の愛情と無念さが伝わってきて、痛ましい。これも八一歳のおばあさんの〝エンプティ・チェア〟である。

このように日常生活のなかでは、気持ちや感情をまとまりのある表現にするときや、収まっていない経験を収めるときに、あるいは喪失を体験したときに、自然に、エンプティ・チェアよろしく、口に出していることが多い。ここに浄化作用（カタルシス）を始めとして、喪の作業など、セラピューティックな意味があるのであるが、まさにサバイバルのための人間の知恵のなせる技であろう。しかし、これは空の椅子を用いるわけでもないし、技法として意識をしているわけでもない。もちろん、セラピストも介在していない。

創造的活動のなかで

創作活動は、それ自体が広義のエンプティ・チェア技法であると考えられる。創作するものをキャンバスであれ、楽器上であれ、ノートや原稿用紙上であれ、あるいは舞台上であれ、いわば〝エンプティ・チェア〟上に表現しているからである。換言すれば、対象をイメージのなかに想定し、または創作者が自分自身と交わす対話の産物とも言えるからである。イメージのなかに何かを想定したり、あるいは対話することは、広義のエンプティ・チェア技法の範疇に入ると言ってもよい。

たとえば、詩の創作がそうであろう。詩は、読み手の溢れ出るイメージや感情、思考、あるいは人生経験の表現であろう。それは人物であれ、自然の風景であれ、人生経験であれ、それらとの対話や交流、また象徴的表現の過程であり、いわばエンプティ・チェア技法に似た過程から生まれるのではないか。

たとえば、与謝野晶子の「君死にたもう勿れ」（旅順口包囲軍の中に在る弟を嘆きて）が浮かんでくる。

「ああ、弟よ、君を泣く、
君死にたもうなかれ。
末に生まれし君なれば
親のなさけは勝りしも、
親は刃をにぎらせて
人を殺せと教えしや、
人を殺して死ねよとて
二十四まで育てしや。（以下略）」
矢野峰人編『与謝野晶子詩歌集』（彌生書房、一九六五　p. 100－102）

晶子のこの詩は、戦場にある弟、そして一〇ヶ月も添っていない弟の新妻、同時に、わが子を取られ嘆き悲しみのうちに白髪になってしまった母親、また、戦争の不条理をイメージしての、自らの張り裂けるまでに高揚した気持ちの発露と受け取れるが、それは、まさしく晶子の〝エンプティ・チェア〟であろう。

また、ヴェルレーヌのつぎのような詩が浮かんでくる。

「何ゆえに悲しむ　おお　ぼくの心よ、
死ぬほどまでに悲しいぼくの心よ
努力によばれているときに
ほらそこに　さいごの努力が
おまえをもとめているときに
（中略）
おまえは唇をかんでいる
その卑怯な沈黙
おまえのひとみは死んでいる！」（後略）」
（「知恵」ヴェルレーヌ詩集（橋本一明訳）「世界の詩集8」角川書店、一九六七 p. 276）

この詩は、解説書によれば、ヴェルレーヌは失恋もし、乱暴も働き、投獄もされたことがあったが、三六歳のとき、教え子の美少年レチノワを熱愛し、そのために中学教師を首になった。この詩は、そのレチノワが恋愛事件を起こし、傷心のうちに土地を購入し、二人で農耕生活をはじめたところに発表した作品とある。「ぼくの心よ」

と呼びかけ、「死ぬほどまでに悲しい」が「さいごの努力がおまえをもとめているときに」と問うといる。そして「卑怯な沈黙」で「おまえのひとみは死んでいる！」と叫んでいるさまは、痛ましくも、自己否定から自己と直面化へと辿っている過程がみてとれるようであるが、これもまさしくエンプティ・チェア技法に似ていると言えないであろうか。

教育においては、エンプティ・チェア技法は、広義にではあるが、すでに合流教育の名において用いられている。合流教育はゲシュタルト療法を教育活動に応用したものであるが、左脳と右脳の統合を目指した教育である（Brown, 1975）。河津祐介らの実践と研究がそうであるが、日本史の学習にエンプティ・チェアを用いているのがある。たとえば、義経などの歴史上の人物を空の椅子にイメージのなかで座らせ、対話するのである。「兄、頼朝からなかなか認めてもらえなかったが、それはどんな気持ちですか」と。そして役割交代して頼朝にもなってみて応えるのである。」それはイメージの世界であり、事実かどうかは定かではない。むしろ史的には、正確ではないであろう。しかし、生徒たちは感情移入して学習するので、理解が深まるし、忘れることはないという（河津他、一九八六）。

メタファーとして

メタファーとは、比喩であり、たとえば「鉄の意志の持ち主」という表現があるが、この場合は、意志の強い人のことを指すのがそうである。このようなメタファーは日常でもよく使われている。筆者が好きなメタファーの例は、アメリカのファースト・ジェネレーション（原住民）のなかにみられる。

たとえば、タオス・プエブロ・インディアンの以下のようなものがある（Wood, 1974）。「様々な存在になって部族民たちは生きてきた。熊だったかもしれない、ライオンだったかもしれない、鷲、それとも岩、川、木でさえあったかもしれない。誰にもわからない。とにかくこれらの存在が、彼らの中に住んでいるのだ。彼らは、こうした存在が好きなときに使える。木になってると、とてもきもちのいい日々がある、あらゆる方角が、一度に見渡せるからだ。岩になってるほうがいいような日もある、目を閉ざして、何にも見ずに。日によっては、できることはただ一つ、それはライオンのように猛烈に戦うこと。それからまた、鷲になるのも悪くない理由がある。ここでの人生があまりにもつらくなったとき、鷲となって天空を飛翔して、いかに地球がちっぽけかを上からみることができるからだ。」(p. 115－116) これらはメタファーであるが、人間は宇宙もしくは自然のなかの一構成員であるというエコロジカルな捉え方をしているし、その人間の一生で遭遇する出来事を鷲になって鳥瞰したり、動植物になって表現して、心の安定をはかる術を心得ていると思われる。ゲシュタルト療法的に言えば、いわば、人生における諸々の思いを空の椅子に座らせて対峙するという、広義のエンプティ・チェア技法と言えないか。言えないまでも、近い方法であろう。

筆者は酔っぱらって家に帰ってきたとき、苦しくて夜中まで苦しむことがある。そのようなとき胃に謝るのであるが、これも胃を擬人化して、あたかもエンプティ・チェアに座らせての対話になる。しかし問題は、胃はなかなか許してくれなく、胃痛は収まらないことである。中途半端な謝罪では収まらない。そこで何遍も嘔吐したりして、明け方まで悪戦苦闘を余儀なくさせられる。くたくたになりながら、胃に、「もうこんりんざい飲まないから」と、腹の中から謝ると、だんだん収まるのである。筆者は、そのような経験をよくしている。これも、意識はしていないが、擬人化により胃を空の椅子に座らせての広義のエンプティ・チェア技法と言える。

さて、なんでもエンプティ・チェア技法にしてしまったきらいはるが、それくらい、この技法は広がりと深さへの展開ができる技法なのである。しかし、このことは、たとえば日常生活においてもエンプティ・チェア技法を使いなさいと奨励しているわけではない。エンプティ・チェア技法的なことは日常において自然に経験している。むしろ、強調したいことは、エンプティ・チェア技法がもっているセラピューティックなパワーとその意味である。

心理臨床のなかで

心理臨床のなかでのエンプティ・チェア技法については、本書の後半の章に具体的な心理臨床例を紹介しているので、参照していただきたい。ここでは、精神科医療のなかで、自然にみられるもののなかから、一つのエピソードを紹介しておきたい。

それは、三〇歳の医療にも長年罹っている女性クライエントであるが、セラピーの終結期に筆者に語ったものである。

「病院の先生と『卒業』ということについてお話ししましたが、骨折した足が完治するのと違って、心の問題なので、『卒業』はとても微妙な問題ですよね。病院の先生は、私がいないときでも、私がいるつもりで話しかけるときがあると言ってくださいました。同じように、私のなかでも、A先生やB先生と心の中でお話しをしています。C先生（筆者）にはもちろん、ここを辞めても、私のなかにしっかりといらして、いつでも会えるんです。ただし、本当に先生（筆者）が必要なときには、泣きついてやろうと思っているんですが……ご迷惑でしょうけれど。」

これは、一つには、担当医師が患者とイメージのなかで、いわばエンプティ・チェア技法よろしく、対話していることを示唆していて、興味深い。筆者は、これを逆転移などという範疇で捉えたくはない。もちろん程度が問題にはなるが、心ある医師の患者を真摯に思う気持ちの現れと受け取りたいし、そのような医師のもとでの治療であったからこそ、患者、筆者にとってはクライエント、が長年、思春期食行動異常の自らを再構築し、統合へと志向できたのではないかと考えている。一方、クライエントの方も、エンプティ・チェアに医師やセラピスト（筆者）を座らせて、自らと対話している。もちろん、これは具体的に空の椅子を用いたわけではなく、イメージのなかでの作業ではある。とにかく、これができるようになれば、セラピストから離れることができるのである。すなわち、「卒業」である。なぜなら、セラピストが内在化され、クライエント自らのうちにセラピストが存在するからである。

心理臨床的意味について

フェイガンらは、エンプティ・チェア技法は両極性の葛藤や二分割されたパーソナリティに介入する方法として優れている（Fagan, 1974）としながら、以下のように言及している。

二分割されたパーソナリティはクライエントの身体や姿勢、またことばと非言語的メッセージとの矛盾、言っていることとの矛盾、などに現れる。二分割は、自己に対する不満や自己卑下、飽和状態や欲求不満からきていて、通常は隠されている。それゆえ、最初のセラピストの役割はクライエントの二分割されているところを傾聴し、観察し、それを明確にすることである。それは、クライエントが十分な気づきをもち、自らの二分割した状態をなんとかしたいと関心を払うようにするためである。

また、基本的なのは、十分な信頼関係を樹立し、最初のうちはぎこちなく見えたり、意識過剰になりかねないかもしれないが、セラピストは自らの技量を信頼し、この技法を用いることである。

エンプティ・チェア技法をいつ導入するかがセラピストのつぎの役割になる。そのタイミングは、両極性の葛藤が明らかになったときである。

それからインパス（袋小路）を抜け出る技法のうちから、一つをまず選択するのであるが、熟練したセラピストであれば、セラピーの過程から判断して最も適切な、うまくフィットする方法を選ぶのである。不思議なことにそれは、どのセラピストも、だいたい同じような方法となる。

葛藤はどの心理療法にとっても中心課題である。フロイトの〝イド〟対〝超自我（個人対社会）〟、ロジャーズの〝真の自己〟対〝取り込まれた〟あるいは〝歪んだ知覚〟、フロムの〝個人的欲求〟対〝経済的政治的システムからの圧迫〟、などにみることができるが、パールズはこのような両極性はつねに起こり得るものとして、ゲシュタルト形成と崩壊は避けられないとしている。そして問題は両極性を区別できないときに起こるのである。あるいは両極性が葛藤状態のまま固着してエネルギーが他の生きるために必要なことに用いられなくなるときであるとしている。エンプティ・チェア技法は、これらの葛藤の解決のためには、対峙や対話が惹起されて方向性が見つかるので、よく用いられる。多くの場合、対話や対峙は〝トップ・ドッグ（勝ち犬）〟と〝アンダー・ドッグ（負け犬）〟の間でなされるが、クライエントは〝トップ・ドッグ〟の「こうあるべきである」「あなたは駄目だ！」「なぜできないのか」が多く、〝アンダー・ドッグ〟の声は無視されることが多い。そこで、セラピストの役割は、ただ単に、〝アンダー・ドッグ〟に言語化させたり、表現させるだけでは不十分で、対話を十分に促進させ、そのときの感情やエネルギーの強さに注目しなければならない。なぜなら、感情やエネルギーに気づくことができれば、葛藤は解決へと志向するからである。クライエントが両極性と格闘し、乗り切ったとき、安堵の表情が見られるが、そのグループに居合わせた参加者も安堵とともに満たされた気持ちになる。

エンプティ・チェア技法で扱われる葛藤は、表面的なものから深層に及ぶものまで、いろいろであるが、多くの場合、クライエントもセラピストも予測していなかったものへと展開し、軽快なものから痛みをともなうものまで、またその時間の長さも、短いものから長時間に及ぶものまで、いろいろである。それゆえ、エンプティ・チェア技法の導入には、ゲシュタルト療法の人格論や概念、パーソナリティの両極性の葛藤や二分割、技法に習熟していることが望まれる。そして基本的な留意点として以下を挙げている。

1 自らがエンプティ・チェアの経験をしていること。
2 クライエントの強烈なエネルギーの爆発や強い感情的反応を覚悟しておくこと。
3 クライエントは継続的なフォローができる状況にあること。クライエントは情緒的に不安定でないこと。クライエントを窮地に追い込まないこと。とくに自我の弱いクライエントには注意をすること。
4 セラピーの過程が進行しているならば、いわゆるセラピストの役割は最小限に留めること。
5 インパス（袋小路）に介入するときには、可能な限りゆっくり慎重にすること。うまくいかないときには、少しにしたり控えめにして、先を急いだり、大きな展開を望まないこと。小さな進展を喜び、大きな劇的な展開を期待しないこと。
6 クライエントの言動を疑問に思ったり混乱したときには、それをまず解きほぐすこと。

7　自らの経験に基づいて，適切な安全弁を見つけておくこと。

ここで，エンプティ・チェア技法の研究について触れておこう。一つは，エンプティ・チェア技法は軽いうつ，不安，ひっ込み思案の人に有効であるとした報告である（Tyson & Range, 1987）。他には，三六人のうつ病患者に対して施行したチェア技法はパーソン・センタード・アプローチよりも問題解決の側面を促進した（Watson & Greenberg, 1996）というものやそれを追試し，より短時間に変化を惹起させたというものがある（Greenberger & Watson, 1998）。さらには実験的に二セッション行われたエンプティ・チェア技法の導入において，認知療法よりも葛藤解決という側面においてより有効であったという報告もある（Strumpfel & Goldman, 2002）。これらの研究はエンプティ・チェア技法の有効性を示すものではあるが，パールズらが指摘している通り，ゲシュタルト療法はセラピストのファクターが大きいセラピーだけに，研究を統制するのは容易ではない（Perls & Others, 1951）。加えて，ゲシュタルト療法のセラピストはセラピーに没頭していて，有効性を証明するための研究にはあまり関心を示さないという事情もある。そして研究で証明しなくても，心理臨床として意味があり、クライエントが成熟していくさまに手応えを覚えている。

ところで、筆者のエンプティ・チェア技法の経験は、「はじめに」において紹介した「テニスのラケット」になってみた経験にはじまり、数多くあるが、はじめは演技っぽく、ぎこちなく感じられたものである。しかし、それはセラピストを意識したり語学力のぎこちなさであり、ときには他のメンバーを気にしてのものであった。しかし経験してみると、その劇的なまでに明確なメッセージ性に驚かされる。何に戸惑っていたのか、何ゆえに混乱していて選択ができなかったのか、などが立ち込めていた霧が突然晴れるように、鮮やかに、かつ快をともなって、明らかにされる。そのような経験をした筆者は、ひとたまりもなく、この技法の虜になってしまっている。

米国での訓練を経て、日本でいよいよ心理臨床をおこなうことになったが、しかし正直なところ、躊躇があった（倉戸、一九九八）。当時、ロジャーズ全盛であった風土にうまく受け入れられるか、戸惑いがあったからである。それに、一時帰国してゲシュタルト療法を紹介したときの「怖いセラピーだ」と先達から言われたことがあったので、そのトラウマ的な痛手の経験もどこかに引っかかっていた。しかし、セラピー中、偶然に、かつ自然に導入したエンプティ・チェア技法は「怖い夢をみたので」

というクライエントの気づきや洞察を促進したのである（倉戸、一九七八；一九九八）。このことが、筆者のトラウマ的痛手を払拭し、また〝我が意を得たり〟との感触となり、心理臨床を開始する原動力になったのである。

それから個人セラピーやワークショップでのセラピーのなかでこのエンプティ・チェア技法は、いつも、すべてのセラピーに登場してくるというものではない。ローラ・パールズが指摘しているとおりである。それに、いつも空の椅子を使っているわけでもない。筆者は初期にはクッションを使っていたし、クッションや空の椅子を使わなくても、イメージのなかに対象を浮かべて介入するときもある。最近はむしろ、このイメージでおこなうことが多くなっている。しかし、寺がワークショップの会場である場合などには座布団を使う。そして対象が複数であったり、過去・現在・未来の見通しを模索するときなどは、複数の座布団を使うのである。

エンプティ・チェア技法は、一つには、「星の王子さま」に出てくる話を想い出させる。その話は、「ひつじの絵をかいて」と頼まれたので、それらしく描いてみせるが、病気だ、角の生えてるもの、よぼよぼだ、と気に入ってもらえない。そこで一計を案じて、『こいつぁ箱だよ。あんたのほしいひつじ、そのなかにいるよ』と、ぶっきらぼうにいうと、王子さまの顔がぱっと明るくなり、「うん、こんなのが、ぼく、ほしくてたまらなかったんだ」というものである。(サン・テクジュペリ(内藤濯訳)『星の王子さま』岩波少年文庫、一九五三)

この話のアナロジーは、一つには、セラピストが説明・助言・解釈・提供をしても、クライエント自らが発見しなければ、無駄だということである。エンプティ・チェア技法は、この点において、クライエント自らが自らで気づきを得ることを援助するものであると言える。二つには、エンプティ・チェア技法は、与謝野晶子の詩にあるように、自らの真の声を表出することを促進するものである。ここで晶子の詩が『明星』(一九〇四)に発表されたときのエピソード紹介しておこう。それは、発表後すぐ、大町桂月が『太陽』誌上に「危険なる思想の発現なり」という批判文を寄せたことに端を発している。それに対して二七歳の晶子は、「私はまことの心をまことの声に出し候とより外に、歌のよみかた心得ず候」と反論しているという(上田博・宮村俊造編「与謝野晶子を学ぶ人のために」世界思想社、一九九五)。この反論は、当時のご時勢を思うと勇気のいったことと推測されるが、晶子にとっては反戦よりも、なによりも「人間性」を訴えたかったのだという見方(田辺、一九七四)がある。なにはともあれ、エンプティ・チェアは、晶子のように、「まことの心をまことの声」に出すことに意味がある。

以上、エンプティ・チェアについて概観してきたが、フェイガンが述べているように、パーソナリティの病理的問題に介入する技法としてなかなか有用な技法である。その有用性に、あえて、日本での経験を付け加えるとしたら、その場に対象をイメージして現在形で進行する介入は、自らの感情や問題にコンタクトすることを可能にさせ、セラピーを促進させる点である。たとえば、父親に対する怒りの感情について言えば、対象の人物を空の椅子にイメージするものの、直接、実際の父親に表出するわけではないので、安全である。安全でありながら、自らの怒りの感情がいかに高いか、自ら気づくことを可能にしている。それだけではなく、そこからどのようにすればよいかの洞察を得ることもできる。また、取り返しのつかない過去やまだ経験していない未来の問題に対して関わることができる。未完結の経験を完結したり、未来を先取りして見通しを得ることができるからである。直接、関わることができない人物、遠方にいる人物や故人に対しても、空の椅子に座らせ関わることができる。セラピーが非現実の、あるいは非日常的な次元での関わりであるとよく言われるが、エンプティ・

チェア技法は、その次元を見事に提示してくれるものと言えよう。

しかし限界もある。筆者が経験上、感じているものを挙げると、自我の弱いクライエントにはうまく介入できないし、また時間もかかる。適用しない方が無難である。同様に、統合失調症や多重人格のみられる人格障害などで病態水準の重篤なクライエントには用いない方がよい。境界例のクライエントのなかには、うまく適用できた場合と、かえってインパス（袋小路）を招く場合もあった。タイミングが容易ではないし、やはり病態水準が問題になろう。また、個人セラピーより、かえってグループ・セラピーの場合に適用しやすいという経験をしている。さらに言えば、感情の吐露だけで終わると、そのときは気持ちが楽になっていても、後で気まずさが残る場合があった。それゆえ、ゆっくり、クライエントのペースを尊重して、納得が得られるまでワーキング・スルーすることが肝要である。たとえば、怒りの場合、その表出だけでは収まりがつかなく、和解、許しまで進まなければならない場合が多くあった。そしてワーク後、意味づけや概念化をクライエントとともにすることが収まりがゆき、完結へと志向するセラピーになっている。

最後に、エンプティ・チェア技法は、他の技法と同様、あるいは他の技法とあいまって統合的に用いられるものであり、ゲシュタルト療法の理論、とくに人格論に支えられている技法である。それゆえ、それらの習熟がこの技法の正否の鍵となっていることを明記しておきたい。（初出：「ゲシュタルト療法」『現代のエスプリ』三七五号、至文堂、一九九八）

文献

Fagan, J., Lauver, D., Smith,S., DeLoach, S., Katz, M., and Wood, E. (1974) "Critical Incidents in the Empty Chair," The Counseling Psychologist, Vol. 4, 1974)

河津祐介・畠瀬稔・上田吉一・梶田叡一・倉戸ヨシヤ（一九八六）「人間的な教育の在り方を求めて」日本人間性心理学会第5回大会シンポジウム（大阪大学）発表論文抄録集18－19

Perls, L. (1982) An Oral History of Gestalt Therapy, Wysong, J. & Rosenfeld, E., The Gestalt Journal

倉戸ヨシヤ（一九七八）「ゲシュタルト療法におけるDreamWorkについて」『甲南大学紀要文学編』28、30－55

倉戸ヨシヤ（一九七九）「夢のコンタクト機能」『甲南大学紀要文学編』32、1－36

倉戸ヨシヤ（一九八九）「ゲシュタルト療法」河合隼雄・水島恵一・村瀬孝雄編『臨床心理学大系』第9巻第Ⅳ章、323－335　金子書房

倉戸ヨシヤ編（一九九八）「ゲシュタルト療法」『現代のエスプリ特集』375号、至文堂

Perls, F. (1969) Gestalt Therapy Verbatim, Real People Press（倉戸ヨシヤ監訳（二〇〇六）『ゲシュタルト療法バーベイティム』ナカニシヤ書店）

Perls, F. (1974) Gestalt Therapy Eye Witness, Science Behavior Books（倉戸ヨシヤ監訳（一九九〇）『ゲシュタルト療法－その理論と実践』ナカニシヤ書店）

Perls, F., Hefferline, R.F., & Goodman, P. (1951/199) Gestalt Therapy, Gestalt Journal Press

田辺聖子（一九七四）『千すじの黒髪』文春文庫

上田博・宮村俊造編（一九九五）『与謝野晶子を学ぶ人のために』世界思想社

矢野峰人編（一九六五）『与謝野晶子詩歌集』彌生書房

ヴェルレーヌ（一九六七）「空は屋根のむこうに」『ヴェルレーヌ詩集』（橋本一明訳）「世界の詩集8」角川書店

Brown, G.I. (1975) The Live Class Room, Viking Press（入谷唯一郎・河津祐介訳（一九八〇）『よみがえった授業』学事出版）

サン・テクジュベリ（一九五三）（内藤濯訳）『星の王子さま』岩波少年文庫

Wood, N. (1974) Many Winters; Prose and Poetry of the Pueblos（金関寿夫訳（一九九五）『今日は死ぬのにもってこいの日』めるくまーる）

第6章

事例1　〟雑種の犬〟に投影されたセルフ・イメージ

はじめに

ゲシュタルト療法のめざすところはセルフ・サポートのできる人間である。そしてそれは「気づきに始まり気づきに終わる」(Perls, 1969) 一連の心理療法の過程により促進されるとされている。

以下に紹介するものは右記ゲシュタルト療法の過程を歩んだと思われるものであるが、それは紆余曲折したセラピーの経過を経て、〝雑種の犬〟というイメージのなかに投影された強かな、しかも安定した自己を発見したクライエントのケース報告である。クライエントはセラピー開始当初はパールズ(Perls, 1973)がいうイントロジェクション(取り込み)とプロジェクション(投影)が激しく、非現実的で神経症様の自己や外界の認知が見られたが、セラピーが進展するにつれて、それらが減少し、ありのままの自己や外界を認知することができるようになり、より健康へと志向する過程を歩み出すに至っている。

ケースの概要

クライエント（Clと略す）について：Clは三〇代半ばの女性である。家族構成は夫と二人暮らし。嘱託の専門職に従事。三人姉妹の長女として誕生。厳しく、過干渉の、やや病理的な母親と確執を覚えながら生きてきたという。したがって、大学時代は学生寮に入り、母親からの自立をはかった。二二才で大学卒業後間もなく両親の反対を押し切って恋愛結婚。結婚後九カ月して父親を亡くす。その後一年も経たない内に、自らも生後間もない未熟児の赤子を亡くす。自らも出産時の後遺症を抱え、家事と不定期の嘱託の仕事を両立させるために、また女性としての自立をめざしてもがいてきた。

グループ・セラピーへの参加理由：「自分を見つめ直し、自分を取り戻したいため」と記されている。

臨床像：中肉中背で、笑みをたたえて挨拶する、物腰の低い人という感じ。また服装も小奇麗で、丁寧な話し方をする、人の善さそうな方。しかし声は小さく、少々張りつめていて、神経が細やかという印象を受ける。

見立てと方針：「笑みをたたえる」「物腰が低い」「丁寧」「神経が細やか」などの所見から、外界に適応するために〝良い子〟を演じている〝偽りの段階（Phony stage）〟もしくは〝恐怖の段階（Phobic stage）〟と思われる。それゆえセラピー初期の段階では、それらを乗り越えることができるように真の自己とのコンタクトをはかる介入をする。ひいては参加理由の「自分を見つめ直し、自分を取り戻したい」に注目しながら、セルフ・サポートのできる成熟した人格の持ち主を志向する介入を心がける。

セラピーの構造：グループ・セラピーで、その構造は、月に一回の割合で合宿形式をとったもので、参加クライエント六名（男女各三名）にセラピスト一名、一セッション二時間三〇分を五〇セッションで有料。各クライエントの参加理由はまちまちであるが、いずれも病態水準は重くない。期間は某年の五月から翌年の三月までの五〇回で合計一二五時間であった。

なお、クライエントの許可を得てここに報告するものであるが、プライバシー保護のために修正した箇所のあることを断わっておきたい。

グループ・セラピーの経過

第Ⅰ期　躊躇と焦りの段階（合宿：第一～第三セッション　X年五月二七日～五月二八日）

［第一セッション］オリエンテーションを兼ねてセラピスト（以下Thと略す）が各クライエントに〈今回のグループ・セラピーに対する期待〉を尋ねる。（以下〈　〉はセラピスト、「　」はクライエントの発言。（　）は感想）Clはグループ・メンバー中、最後に発言。短く、前述のごとき経緯と参加理由を述べる。声は小さい。Thが〈期待が叶えられるといいですね〉と返すと、微笑を浮かべながら頷く。

［第二セッション］「落ち着かない」と自分の感じを言語化するが、他のメンバーからは応答なし。表情は暗い。少々、そわそわしている様子。一方、他のメンバーに対しても「その気持ち分かるわ」などと発言するが、応答なく、浮いた感じが見受けられる。

［第三セッション］ Thの〈ご自分を何かイメージに譬えてみませんか〉との治療的招き（Therapeutic invitation）に応じて、「高層マンションのベランダにあるプランターに植えられたバラの木です」とイメージを開陳。

「水と肥料をくれる存在に恵まれて不自由はない……マンションの下に人や車が小さく見える。しかし、自分との距離があり、一人取り残された感じがある。寂しい。下の世界に溶け込みたいが、一方では、ここにこのままいて庇護されていたいという気持ちもある」

と、アンビバレントな気持ちを表明する。〈二つの気持ちを、さらに掘り下げておっしゃるとしたら〉とのThの介入に、

「もっと根を張りたいと思ってもプランターではできません。窮屈です」と苛立つ。〈『私は窮屈です』と言ってみてください〉とThは介入。Clは、「私は窮屈です」と何回か繰り返す。〈おっしゃってみて何か気づきをお持ちになりましたか〉の介入に対

して、「もっと社会に出ていきたい。いまは幸せだが温室にいるみたいで」と言う。

この第Ⅰ期は、将来の自分ことで焦っているだけでなく、セラピー・グループで発言しても他のメンバーから応答が返ってこない、したがって、グループに入れないことにも焦りを感じている様子である。しかし、バラのメタファーにみられるごとく、アンビバレントな、ゲシュタルト的には二分割（split）された自己に気づいていく。すなわち、この期は自らの言語化とThの介入により、焦っている自己、そして不統合な自己を意識化していく、すなわち、ゲシュタルト的には〝図〟として意識の前面に上らせていく段階と言えよう。

第Ⅱ期　イントロジェクションとプロジェクションの交錯がみられた段階

（合宿。第四〜第一一セッション　X年六月二四日〜六月二六、第一二セッション〜第一五セッション　X年七月一七日〜七月一九日）

［第四〜第五セッション］他のメンバーの発言に対して必ず一言いう。たとえば、義母が厳しく、食事も与えられず、ひもじい思いをしたと幼児期の想いを語ったメン

バーに対して、「可愛そう。ごめんね！　と言いたい」と言う。その様子は、他者の発言を自分に向けられているかのように受け取っているところから発生しているようである。取り込みと投影、すなわちゲシュタルトでいうイントロジェクションとプロジェクションが同時にみられる。また他のメンバーからもClは発言者に言っているのではなく、自分の思いと重ねているのではないかとフィードバックがなされるが、戸惑っている様子である。そこで〈(その）義母とClの似ているところは……似てないところは〉とイントロジェクションやプロジェクションに気づくよう介入する。

〔第六セッション〕前のセッションで他のメンバーが厳しく冷たい母親のことを話したのをきっかけに、口を開く。

「私も、母がつくった味噌汁を食べなかったことで叩かれたことがある。あまり酷かったので庭に逃げたが、母は追いかけてきた。自転車で遊んでいて帰宅が遅くなり家に入れてもらえなく、玄関先で父親を待ってやっと家に入れた……母は神経質で、しかも怖かった。」だから「私はいまでも、だれかから大きな声で怒鳴られたり、叩かれると、身体が硬直してしまう。」

〈そんなご自分に気づいていらっしゃるのですね〉とTh。Clは、「はい」と言って頷く。

このセッションも他のメンバーの話に対して距離を置けなく、自分のことと重ね合わせて聞いたところから出発している。しかしそれは、ここで語られているように母親との確執のなかで、そうならざるをえなかったClの事情を覗かせている。そしてそのような自らを開示をしながら、自己に気づきを持ち始める。

[第七セッション] 母親からよく父親の悪口を聞かされた、と話す。

「『お父さんは帰宅が遅く、仕事といいながら何をしているか分からない。お父さんは信じられない』と、母から頻繁に聞かされた。」「いまから思うと、母の愚痴をそのまま鵜呑みにしていた……しかし、真実を分かることも恐ろしい。」〈続けて話して。〉「真実の父親像や男性像とはどんなのか、気がついてみると、まったく分かってなかったから……母親に対する憤りと今は亡き父親に対する取り替えしのつかない自分の浅はかさを思い知らされる。」

これも現実の生活場面においてイントロジェクションしてきたことに気づいていく一コマである。

［第八～九セッション］他のメンバーのセラピー。

［第一〇セッション］あるメンバーが家が複雑で転々として不安定だったので、だれと寝るのかその日になってみないと分からないという発言を受けて、

「三才のころ一番下の妹が生まれたばかりで母親と、真ん中の妹は祖母と、そして自分は父親と三人ばらばらに寝ていたが、母親と一緒に寝たいとずっと思っていた」と発言。

〈そういう経験を踏まえて〇〇さん（発言者）に伝えたいことは。〉

「寂しかったでしょう。分かりますよ」と、他人事でないかのごとく親身になって

答えている。これも、このClらしいところかもしれないが、ゲシュタルト的には、プロジェクションのなせるわざということになろう。

〔第一一〜第一四セッション〕他のメンバーのセラピー・セッション。このころからThが気づいたことがある。それは、グループのなかのあるメンバーが話すと、Clが必ずと言っていいくらいフォローすることである。ここでも、父親を知らないというそのメンバーに、「私ももの心がついてからは帰宅が遅いので父親とあまり話したことがないので知らないのも同然」と同情を示している。

〔第一五セッション〕亡くなっている父親の夢を繰り返しよく見ると、話し出す。夢の内容は、父親が瀕死の重症で寝ていたり、危篤状態で死にかけていたりするところへClが登場するというものである。

〈夢のなかではどうしていましたか。〉「必死に看病したり助けたりして、私がなんとかしなくてはと焦るが、なかなか思うようにいかない。焦っているところで目が覚

める。」〈いま話していて思い巡らしていることは。〉

と、ゲシュタルト流の「ドリーム・ワーク」を勧める。そうすると、

「大学時代は遠方の大学寮にいて父親の傍にいなかったし、卒業するとすぐ父親の反対を押し切って、しかも父親の闘病中に結婚をし、その後もあまり看病をしていないことへの自責の念かもしれない……私の誕生は、長男を亡くした後だったので、代わって跡取りになるのだと、親戚一同から事あるごとにいわれていた。家族の期待を担っていたことと関係があるかもしれない……Thの〈『今－ここ』にお父さんがいるとして、また何んでも話しができるとしたら、どんなことをおっしゃりたいですか〉という治療的招きに応じて、Clは、「お父さんごめんなさい！」を何度も言い、謝罪する。

そして号泣のうちに、「終われます」と、セラピーを終了した。パールズ（Perls, 1969）は「夢は自己のプロジェクションであり、自己とのアイデンティフィケーションをも

つものである」と述べているが、今回のセラピーでClが夢にプロジェクトしていたものは、自責の念と許しを乞う気持ちであったのではないか。そしてさらには、それまでないがしろにしていたもの、ゲシュタルト的には〃地〃へ追いやっていたもの、すなわち精神分析的には無意識、それらを感じている自己とのコンタクトであったと言えるのではないか。

このころから、他のメンバーにも関わることができるようになる。たとえば、その一つは、あるメンバーがセラピスト役を一度してみたいという申し出に応じてクライエント役を買って出たのがそうである。

また別のメンバーが自分の子どもの障害について、「子どもの痛みが分からない」というテーマのときも、Clは「もっと教えて」と発言し、関わっている。

この第Ⅱ期は、今、見てきたように、イントロジェクションとプロジェクションとが交錯してみられ、それに少しずつ気づいていく段階といえる。すなわち、グループの他のメンバーの話しを、ほとんど例外なくといっていいくらいイントロジェクションし、一方では、プロジェクションを起こして、自他の距離や境界をなくしていることに直面していく。とくに、ある一人のメンバーに対してと障害の話には、過度のプロジェクションが見られ、Cl自身も戸惑うが、一方、夢にもプロジェクトされた自己をみて、漸次、自己に気づいていく。そして少しずつではあるが他のメンバーとの応答ができていく。

第Ⅲ期 抵抗とセラピーの危機のみられた段階（合宿 第一六～第一九セッション X年七月二〇日～七月二三日二二セッション

［第一六セッション］ 嫁・姑との関係について話す。姑をエンプティ・チェアに座らせ、イメージのなかで対話をする。しかし、なかなか素直に表現できない。もたもたしているのにThがたまりかねて〈なさりたいことをやれてますか〉と介入。それでも何か話しにくい様子。なかなか対話がはじまらない。しかし、長い躊躇の後、

「外づらはいくらよくても、家のなかではただの暴君。この偽善者め！」と、今まで溜まっていた不満や感情をぶつける。

〈気づいたものは。〉「『いえた』という気持ちと、社会的な仕事をしている姑の前で

萎縮していた自分。」そして、「もっと自信をもって伸び伸びしていっていいんだ」ということ。しかし、そこで、Thに対しても、「あまり突っ込まないでほしい。伸び伸びできなくなる。私には私のペースがあるのだから」と、ほこ先を向けてきた。〈Thの僕がそこの椅子に座っているとして伝えて下さい〉とThが応じると、「直接言いたい」〈直接言いたいと、その椅子に言いませんか。〉「それでは嫌です。現実にそこにいるあなたに言いたい」と、応酬してくる。〈ではどうぞ。〉「いざとなったら、言えない……もういい」と、中断する。Thが〈それでいいんですか〉と念を押すが、頷くだけ。

姑にプロジェクトされていた萎縮していた自分に気づくが、Thにもプロジェクションを向けてきた。このClのプロジェクションは姑の前で、言いたいことが言えない自分に対する苛立ちを姑に向けていたものかもしれない。しかし、基本的には母親に向けられるべき感情ではなかろうか。とにかく、プロジェクションのみられるときのゲシュタルト的関わり方はエンプティ・チェアであるが、Clはなかなか応じてこない。Thの胸の内も重く、穏やかではない。

［第一七セッション］他のメンバーのセラピー。Thが〈何か言いたいことは。前回から残ってるものは〉と誘っても、Clはまったく沈黙。

［第一八セッション］他のメンバーのセラピー。Clは他のメンバーの作業に頷いたり、短い応答はするが、沈黙気味。

［第一九セッション］以下のイメージを語る。

「澱んでいる川で流れがない。早く海までいかねばと、ボートで下るのだが、くるくる回って思うように進まない。」Thが、〈どんな感じか〉と尋ねると、「分からない……ただ、いらいらして、焦っている。」Thが再び、〈いま現実に焦ることがあるか〉と問うと、「焦ってはいるが、何に焦っているかは不明」との返事。〈それでは、せめてここでは焦らずにいきますか〉と、お互いに笑って、そのままにして置くことにする。

［第二〇セッション］以下を話す。

「前回、終われていなく、今回までの間、不全感で憂うつだった。何のためにセラピー・グループに参加しているか分からなくなった。Thからも、グループからも見放されたと感じた……今回の参加を躊躇した……」〈その気持ちをそこのエンプティ・チェアーに僕（Th）がいるとして言ってみませんか〉とThが誘うと、

「辛かった。なんと冷酷なThかと思った……何に気づいてますか、とか、感じてますか、とか、そんなこと私は慣れてないのよ、どう答えたらいいか分からないのよ……心のなかで『悔しい！』と叫んでいた……」そこでThは、〈そうだったの、ごめんなさい。僕の方も実は不全感が残っていてしんどかった。しかし、これでそれがよく分かった。ごめんね〉と発言する。Clはなんども頷く。あるメンバーが、「僕もしんどかった。ずっと気にしていた。今回、グループへ来ないのではないかと心配していた。来れてよかった」と発言。Clは「ありがとう」と、涙を浮かべる。他のメンバーからも、「来れてよかった」と、サポーティブな発言がなされる。

［第二一セッション］海で、魚になったイメージを語る。

「はじめ他のいろいろの魚や海の風景を楽しんでいたが、海底に洞穴のようなものが見えてくる。中へ入ろうとするが、怖くて入れない。」Thが介入すると、「何かありそうなのだが、まだ怖くて触れられない。一方、早く触れたいと焦る気持ちもある」という返事。Thが〈どうしたいか〉と選択を促すと、「今は、このまま置いておきたい」というので、Clの選択を尊重し、時期の成熟するのを待つことにする。

［第二二セッション］他のメンバーのセラピー。

この第Ⅲ期はClの躊躇、Thへのプロジェクション、セラピーの中断、沈黙など、まさにClの抵抗と、Thとしてしばしどう関わったらよいか躊躇し、セラピーの危機が訪れた段階であると言えよう。しかし、ThはClの抵抗に屈せず、〈焦らずにいきますか〉と、時期の熟するのを待つことにする。その間三セッションあったが、Thの胸の内は、危機に臨んで不気味に高鳴っていた。ところが、Cl自ら「悔しい」思いや「不全感」

を吐露してくれて助かった。このあたり、〈ごめんね〉と、Thの側ののめり込みとプロジェクションが見られている。

第Ⅳ期ワーキング・スルー、そして洞察を得る段階（合宿月一回で合計五回　第二三～五〇セッション　九月一五日～翌年三月一八日）

［第二三セッション］未熟児であったため、生後間もなく死んでしまった自分の赤子について話す。それはClにとって一〇年以上も沈黙をして、夫とも、誰とも話したことがなく、語るにはあまりに辛い出来事のようであった。死亡の直接の原因は、呼吸困難ということであったが、未熟児としての出産はClにとっては自分の不注意と無関係ではなく、また取り替えしのつかない経験であったと話し出す。そこで〈仮に亡くなった赤ちゃんと話ができるとしたら、どんなことを話しますか〉のThの介入に、

「……はじめ医者のせいにして、私が悪かったとは思いたくなかったが、○○を死なせたのは私の責任だ。私が殺した……ごめんね！……悪い、思慮のいかない母親を許して！」と、静かに、ことばを詰まらせながら語る。Thも他のメンバーたちも泣い

た。しばし、時が流れたが頃合いをみて、〈いまイメージのなかにいる赤ちゃんはどんな様子か見えますか〉とThのさらなる介入。Clは、少し探索するしぐさをみせた後に、「天国にいて、明るい光りがさして奇麗な花がいっぱい咲いているところに……白い着物を着た老人と一緒に絵本を読んでもらっているいる……父親も傍にいる！」と報告。〈話しかけるとしたら〉というThの勧めに、「ごめんね！」とCl。〈○○ちゃんは〉とのThの介入に、「微笑んでくれています」とCl。そして、今度は嬉し泣き。さらなるThの介入に、「元気でいてね。私もあなたの分まで一生懸命に生きるから……天国でお会いする日まで……」と別れを告げる。

セラピー後しばらくして、自分の責任を自ら問うのが怖くて触れられなかったこと、したがって心残りになっていたが、それをやれたこと、そして安堵できてよかったこと。赤子と心の底から出会い、別れができたこと、自分も死んだらどうなるか不安であったが、死後の世界のイメージがもてたこと、メンバー全員が一緒にこの場に居てくれて心強かったこと、など話し合って終了。（Clは、背負っていた大きな荷物を降ろし身軽になったのか、すっきりした、すがすがしい表情を見せる。ゲシュタルト療法的には未完結の経験を完結したからと言えよう。Thを含めてメンバーはあたかも一つの気持ちを共有しているかのごとく神聖でスピリチュアルな経験に圧倒された感があった。それにしても、今までのClの気持ちを思うとワーキング・スルーすることができて心より〈よかったですね〉と伝えたい衝動にかられた。）

［第二四セッション］メンバーの一人がClに傍にきてくれるよう要請。Clがそのメンバーの横に座ると、正面にきて、しっかり見ていてほしいと言われる。このことをきっかけに、Clはグループから受け容れられていることを知る。「前回もそうだったが、やっとこのセラピー・グループの一員になれたという思いをもつことができた」と発言。それまで、「他のメンバーから異質だと思われていると気にしていたのが、吹っ切れた。」ほっとすると同時に、「自分は他者を意識しすぎて、思い込みが強い」ことに気づく。そしてそれは、自分の自信のなさとの関係で、母親の目を気にしていたこと、無意識に他者の目を避けていたこと、恐れていたことにも気づいていく。

［第二五～三二セッション］他のメンバーのセラピー。自らも他のメンバーに言葉

をかけたり、乞われれば、相手役を務める。グループで「思い込み・想像・評価」が話題になる。Clは「最近自分は思い込みが激しいことに気づいた。」たとえば、「人間は信じられない」と思い込んでいたこと、などを語る。

［第三三セッション］Thの治療的招きによりトラックターのイメージを持つ。頑丈で、どこへでも行くことができ、荒れ地を平らにしたりして力を発揮するが、その場所へは運んでもらわないとだめ、という自己像を語る（この自己像を得て、少なからず堂々としてきた印象をThは持つ）。

［第三四〜三九セッション］他のメンバーのセラピー。始終笑みをたたえ、静かにそこ場に存在するといった様子で、乞われれば応答する。

［第四〇セッション］両腕を抱え込んで何かぎこちなく硬くなっている様子なのでThが〈両腕を抱え込んでいるんですか〉と介入すると、中学校のときピアノの発表会で演奏途中で突然頭の中が空白になって、どこを弾いているのか思い出せなくなり降

壇した経験を語る。

「人前では自分を出せない。あがってしまう。」〈話していて思い出したり、気づくものがありますか。〉「人が聴いている、先生が見ていると意識すると弾けなくなる。体がこちこちになり、手も動かなくなる……母親から口やかましくいわれたり、叩かれたことが原因だが、そのことをいつもは意識していなくても、体が覚えていて反応してしまう」と述懐しながら、それまで〝地〟に押しやっていた経験を〝図〟に上らせ、コンタクトする。

[第四一セッション]〈聞き役に回っているとき、首を上下に振っていますね。さっきから何回か。ご自分でお気づきですか〉とThは観察したままを指摘する。さらに〈首振り動作を何回か繰り返してみて下さい。そしてそれをイメージにしてみて下さい……〉というThの治療的介入に応じてClは前回に引き続いて母親との経験に触れる（倉戸、一九七九）。

「自分の気持ちを呑み込んでいるというか……相手のいうことに対して疑いをもちながらも、『しまった』という後悔の念と悪いことをしたというギルティ・フィーリングを感じているんだけど、今、それを出したくないから、その気持ちを内部に押し込んでいる。そういう自分自身を納得させるために『フンフン』と頷いている感じ……しかし、手押しポンプでよいしょと空気を入れられると、私の体の中は空気が溜まる一方です……」

ところで、このセッションにおいてClの罪悪感がみられるが、それはパールズにいわせれば、憤慨の感情（resentment）の投影された形ということになる（Perls, 1969）。この憤慨の感情の投影された形こそ、Clの感情を二分割（split）し、不一致や不統合の状況を生み、〃生き生き〃きさせないところのものなのである。

そこで、〈お腹になってみませんか。空気が溜まる一方で、出口のないお腹に……〉という治療的介入をする。すなわち、イメージ化を擬人法によりさらに展開することによって、自己とコンタクトすることを勧める。

「私はお腹です。私は硬くなってきて……（Clはゲップを二～三回出す）……腸の壁にコールタールを塗られたよう……全部出してしまいたい」

ここで〈かりに吐き出せるとしたら……コールタールとは〉と介入する。すなわち、「コールタール」に象徴されるものにコンタクトすることにより自己に気づいていく過程を促進するためである。

「……無理なこと言わんといてよ、私には私のペースがあるんだから。あなたの期待と私自身とは違うんだから……そうやって、力で私の胃のなかに押し入ってきてるじゃない……いま、ふと、思い出したんですけど、小学校二年か小学校三年のころお習字を習っていたころ、母がついてきていて、先生がいるのに、『硯の位置が間違ってる……筆順が違う、どうしてそんなことが分からないの』と言ってほっぺたをぶつのです。母に叱られると怖くて、じっと涙をこらえていた自分を覚えています……給食が嫌で食べられなかったけれど、先生や男の子が目を光らせていたし、母も叱るので、涙を出しながら、胸がつかえているのを無理やりに口に押し込んだ……手押しポンプのように、不消化のまま……母や他人が無理なことを言っても、それを自分は聞こうという姿勢だったのかと、ふと気がついたけど、そんな自分が痛々しい、可愛そう……仕方がなかったものね。小さかったから。むしろ、そんな我慢強さ、自分の強さを感じます。私にも強いところがあったんです（涙）……お酒も飲まないのに胃潰瘍と診断された時期もあった。しかし、この胃のおかげで私は外界に対して、強い自分を表現できていたように思う……（後略）」

ここでClは「首振り動作」＝「手押しポンプ」＝「自己の姿」に気づいていったが、それは自己がいかに形成されてきたかを洞察する過程でもあり、自己を取り戻していく過程であったとも言えよう。

［第四二～四三セッション］他のメンバーのセラピー。

［第四四セッション］Thの「自らをイメージに譬える」というイメージ法による治療的招きに応じる。

「私は雑種の犬です。私自身、そんなに上等ではないけれど、元気で、苦しいことがあっても、ちぢこんでしまわないで生きているんです。家のなかだけにいるのが嫌で、仕事をしたり、友人に会ったり、外の空気をすって、また家に帰ってきます。」〈何を経験してますか。〉「私は小さいときは、雑種なのにもかかわらず、何か純粋な犬のごとく育てられました……自分が雑種だとは知らないで……」〈分かったときは……〉「挫折感というか……名もない犬だと分かって、自分の価値が認められなくなった。辛い経験……」〈その辛い経験をだれにぶつけたいですか。〉「今は、自分自身にぶつけたい、だれよりも……『あなたは雑種で、価値ないんよ。分かってる！』（泣く）……」〈純粋というのはどんなことですか。〉「いわゆるエリートであったり、能力があったり……血統書付きだから、家も立派で家柄も素質もよく、躾も教育も、育ちのいいものをもってるとか……」〈雑種でしかなかったご自分をどう思いますか。〉「今は強いと思う。だが知らないで純粋だと思っていた自分が悲しい……今は雑種でいいんです。」……〈雑種であることの良さを聞かせて下さい。〉「私は雑種であるために強い、ユニークなんです。」〈どんな点でユニークかしら。〉「環境が変わっても、生きられるんです。純粋の犬のように飼い主に対して負い目がない……たとえ道を一人で歩いていても、人は手を出したりしないで放っておいてくれる……少々汚れていても気にならないんです。」〈雑種であることの良さ、強さを言ってみて、何に気づいてますか。〉「一人ぽっちとか、汚れていると言ったりすると悲しいというか、涙は込み上げてくるんだけど、なんか底力があるような……」〈それを「私」をつけていってみませんか。〉「私には底力があるんです。悲しい気持ちがあっても、自分で歩いているという気持ちをもつことができるんです。だからといって、世の中のことを恨んだりはしない。私は自分に責任をもって生きようとしています。これは背伸びをしない気持ちなので、すごく安定しています……涙が出てきた。これは悲しい涙ではなくて、すごくうれしい涙です。」……〈終われますか。〉（頷く）

この「雑種の犬」にプロジェクトされたClは、それに気がついたときには悲しく、辛い、存在価値をなくすほどの挫折感を経験したのである。しかしそれは、Thの介入を媒介に、痛ましいほどの真摯な態度でもって、真のありのままの自分にコンタクトしていく自己洞察への過程でもあったのである。ユング的には「死と再生」のテーマを想い起こさせるものがあり、Thとして関わった筆者は感動を覚えた。ここまで辿りつくためにClが自己と出会ってきた心の遍歴の必ずしも容易ではなかったことを想い、心のなかで〈よかったね！〉と叫びたい衝動にかられた。

［第四五〜五〇セッション］他のメンバーのセラピー。Clは終始微笑を浮かべ、他の求めに応じて、応答したり、関わったりする。最後の二セッションは、五〇セッションのセラピーを終結するための話し合い、すなわちセラピーで気づいたもの、今後の課題として残されるもの、フィードバックなど、各メンバーが発言して終結する。

この第Ⅳ期は未完結から完結への段階、すなわちワーキング・スルーし洞察を得る段階と命名したが、「二〇年も前に亡くした赤子との対話」のセラピー（第二四セッション）、「体が覚えていて反応してしまう」と気づいたセラピー（第四〇セッション）、「手押しポンプ」のセラピー（第四一セッション）、「私は雑種の犬です」のセラピー（第四四セッション）と、断崖から流れ落ちる急流を一気に遡る回帰性の魚のように、ただひたすら自分を見つめ直し、それらにコンタクトして、本来の自分を取り戻していく。その有様は、何かに取り憑かれて血のにじむような激しい業を自らに強いていいく修行僧のそれであった。Thは、心の巡礼の激しさと、それを克己したものにのみ訪れる安堵と至幸の境地とは何かを見る思いがした。

考察

(1) 病態水準について

セラピー・グループ初期（第一〜第三セッション）に見られた他のメンバーから浮いた感じというのは気になるが、躊躇と焦りは、むしろセラピー・グループに参加しようとするものであれば、多かれ少なかれ、その初期にだれしも経験するぎこちなさと受け取れよう。参加動機も合点がいくし、セラピストの言動に引っかかったり、噛みついたり、あるいはメンバーに絡んだりすることはなく参加できている点からも、病態水準はあまり重くないことを物語っている。しかし、敢えていえば、セラピー前半（第二二セッションくらいまで）における人格が二分割されているところ、自他の境界をあいまいにしているイントロジェクションやプロジェクションが交錯して、しかも頻繁にみられるところ、など、病態水準を見立てる観点からすれば、病歴はないが一応、境界例様のレベルの軽度のものを疑うかもしれない。また青年期病理の観点からは、青年期的特徴の残ったものと理解されるかもしれない。

ゲシュタルト療法でいうイントロジェクションとは、意識せずして、他者の考え方、言動やその基準、感じ方などを取り入れたり、鵜呑みにすることをいう（Perls, 1973）。したがってその病理的側面は観念的に頭のなかで思えたとしても、自分のものとして十分に消化したり同化されないまま、すなわち食べた食物が未だ消化されないまま異物として腹のなかに残っているごとく、自己の固有の人格形成をできない点である。自分の手に負えないくらいイントロジェクションが過剰になると、自分とは何かを発見したり、自分を表現する余裕がなくなる。また、明かに相反する態度や考え方の両方とも鵜呑みにすれば、それら二つを調和させようとする過程で自分自身バラバラ（二分割）になってしまう危険性がある。したがって、パーソナリティの崩壊をきたす一因となる。

このイントロジェクションの逆はプロジェクションである。プロジェクションは、もともとは自己に端を発しているものを外界のせいにしてしまう傾向のことをいう。その病理的側面は、曲解（delusion）が特徴となっているパラノイアが、極端ではあるが、それを物語っている。パラノイアは「自己の願望、感情、期待を表現できないために他者や事物に責任をなすりつける攻撃性の高いパーソナリティの持主である」(Perls, 1973)。自らの想像に根ざした推定に過ぎないのに、「自分のことをだれも相手にしてくれない」「あの人は薄情だ」などと責めるときなどが、このプロジェクションの範疇に入ろう。

以上、イントロジェクションとプロジェクションの病理的側面を見てきたが、もちろん、それらの健康的な側面もある。赤子が与えられた母乳を摂取して、すなわちイントロジェクションして、自らの成長をはかることは、サバイバルしていく上で必須の条件である。言動の基準や価値観を学習することなどもしかりである。一方、多くの創造的活動においては、たとえば、小説家は自らの執筆中の登場人物に自らをプロジェクトし、そしてときには、それらの人物になりきるときがあると言われている。しかし、小説家は、筆を置いたときは、どこからが自分で、どこからは小説上の人物であるかを間違いなく知っているのが普通である。一方、神経症の場合はアイデンティティの混乱が見られるのが特徴と言われている（Perls, 1973）。

第Ⅲ期に見られるClの抵抗も、基本的には、イントロジェクションしたものが消化できなく吐き出さざるをえなくなり、Thにぶつけられたものと理解されよう。まさしく、プロジェクションそのものである。

（2） Clの成長過程について

Clは、もともと感受性が豊かで、幼少のころから母親のいうことを呑み込もうと必死になってきた、いわゆる〝良い子〟で〝完全主義〟志向であったことが伺える。すなわち、神経症様ともいえる母親の押し付ける考えや価値観をイントロジェクションしてきたのであるが、そしてときにはそのような母親と同盟を結んでいたのであるが（第七セッション）、それらはClにとってはすべてサバイバルのためのものであったということが言えよう。しかし、それらイントロジェクッションしたものが未消化のまま異物となって蓄積していったために、人格の崩壊までには至らなかったが、二分割された状態に追い込まれていったのであろう。それが「自分を見つめ直し、自分を取り戻したい」という参加動機となったのであろう。その様子は第Ⅱ期～第Ⅲにかけてのセラピーにおいて如実に表れている。

そして第Ⅳ期において自分を取り戻していく作業、すなわち人格の再構築のワークが劇的ともいえる迫力でもっておこなわれたと言えるであろう。

それは、姑に対するプロジェクション（第一六セッション）からはじまったが、やがてセラピーやThに対する抵抗とプロジェクション（第二〇セッション）へと展開していった。しばらくの躊躇と沈黙の後、なんとか乗り越えたClは、いままで〝地〟に追いやっていた未完結の経験である「亡くした赤子との対話」を果たした。一つ完結することができると、漸次、つぎの未完結の経験へとエネルギーが注がれることになる。「手押しポンプ」や「雑種の犬」のイメージ法によるセラピーがそうであるが、そのなかでClは新しい自己の発見を洞察している。すなわち、弱いと思っていたが、「聞こうという姿勢だったのかと……我慢強さを……自分の強さを感じます。」（第四一セッション）や「雑種の犬でしかなく……純粋の血統書付でなく、挫折感……辛い経験」をしたが、「飼い主に対して負い目がない……一人道を歩ける……汚れていても気にならない……底力がある……」と、これらイメージに象徴されるごとく「弱さから強さへ」「依存から自立へ」と自己認知の転換が見られている。この転換は、ゲシュタルト的には〝図地反転〟とよばれている。それは洞察のことを指し、「視野（perspective）が広がる」ことをいう。この認知の転換こそがゲシュタルト療法の目標としているものであるが、成熟した、かつ統合された人格を志向する過程なのである。そしてそれはセラピーのなかで「人生を生き直す過程（reborn process）」に他ならない。Clはまさにこの過程を経験したと言えよう。

以上がClの成長過程の概要であるが、そしてそれはあくまで一人の人間に起こったことではあるが、Thとして関わった筆者にとっては、何か、人間を信じられるというか、真摯に求めるときには、それは死闘を経なければならないけれども、人間にはいつでもやり直すことができ、成長の可能性が備わっているという思いに駆り立てられる経験であった。

(3)　Thの関わりについて

ゲシュタルト療法でのThの関わり方の基本は、〟今—ここ〟という現象学的場において観察されたもの、すなわち自明のことがらを基盤に、言語的に介入することである（倉戸、一九八九）。それは気づきを促進するためである。気づきは、「気づきに始まり気づきに終わる」といわれるゲシュタルト療法の〟十八番〟である。今回のセラピーにおいても、随所にこれが試みられている。〈今、何に気づいてますか〉〈何を感じてますか〉〈思い巡らせていることは〉などがそうである。その他〈涙を浮かべているのが見えますが、ご自身でお気づきですか〉などもよく用いられる観察を媒介とした介入の例である。ここでは、Thの解釈は極力避けられている。それはClの気づきや学ぶ機会を奪ってしまわないためである（Perls, 1973）。とくにこれはClのイントロジェクションとプロジェクションの見られたところで留意されている。

また、第一人称で「私を付けて」、しかも現在形を用いて対話し、過去の未完結の経験をできるだけ〝今－ここ〟で再体験することを治療的招きとしている。これはとくに、イメージ法を導入したところで用いられている。〈〝今－ここ〟にお父さんがいるとしたら、どんなことをおっしゃりたいですか〉（第一五セッション）〈亡くなった赤ちゃんと話ができるとしたら……〉（第二三セッション）などがそうである。

「私は……」と「私」を付けることを奨励するのはClの主体的な経験を促進するためである（Perls, 1973）。主体的な経験とは、自分の動作、呼吸、感じ、声、感情など、すなわち自分自身とコンタクトすることを可能にすることをさす。〝今－ここ〟で対話したり、再体験をするというのは現在性を重視するからであるが、それは過去の問題も未来の問題も、過去に遡って解決したり、未来に飛んで解決できなく、すべて現在という時点からでないと取り上げられないという洞察に基づいているからである。それに一般に神経症は過去に問題があった人という理解がなされているが、ゲシュタルト療法では現在にも問題をもっている人という理解に立っている。したがって、現在を関わりの場にしているのである。

非言語的なもの、からだなどにも注目して関わるのがゲシュタルト療法の特徴である（倉戸、一九八八）。〈両腕を抱え込んでいるんですか〉（第四〇セッション）や〈首を上下に振ってますね〉（第四一セッション）などがそうである。いずれの場合も介入後セラピーが劇的に展開していることからも、非言語的なものやからだに関わることの意味と有効性が示唆されよう。選択や意志決定を促している関わりもある。〈〇〇さんに伝えたいことは〉（第一〇セッション）〈なさりたいことをなさっていますか……それでいいんですか〉（第一六セッション）〈どうしたいですか〉（第二一セッションン）などである。これはゲシュタルト療法が実存的側面を持っていることとも関係するところであるが、Clらしい処し方、それは自分自身に他ならないのであるが、それを発見することを促進するためである（倉戸、一九九三）。

おわりに

以上、一つのケースについてゲシュタルト療法の立場から取り上げ、考察を試みた。また、その病態水準、Clの成長の過程、Thとしての関わり方についても記述した。これらにより、ゲシュタルト療法についての理解の一助になれば幸甚である。ところで、今回はグループ・セラピーであったにもかかわらず、その点について考察する紙面の余裕がなかった。グループ・メンバーに助けられたことが数多くあった点など、またの機会にゆずりたい。最後に今回の掲載を許可なされたクライエントに深謝して、筆を置きたい。（初出：『雑種の犬』に投影されたセルフ・イメージ」氏原寛・東山紘久編『カウンセリング事例集』ミネルヴァ書房、一九九四）

文献

倉戸ヨシヤ（一九七七）「ゲシュタルト療法におけるDream Workについて」甲南大学紀要 文学編 28、30－55

倉戸ヨシヤ（一九七九）「心理療法におけるイメージの機能について」甲南大学紀要文学編35、14―35

倉戸ヨシヤ（一九八九）「ゲシュタルト療法」河合隼雄・水島恵一・村瀬孝雄編『臨床心理学体系』第9巻、金子書房

倉戸ヨシヤ（一九八八）「ゲシュタルト派の立場から」河合隼雄・鑪幹八郎編『夢の臨床』金剛出版

倉戸ヨシヤ（一九九三）「ゲシュタルト療法」氏原寛・東山紘久編『カウンセリングの諸理論と技法』ミネルヴァ書房

Perls, F. (1973) Gestalt approach and eye witness to therapy, Science and Behavior Books Inc.（倉戸ヨシヤ監訳（一九九〇）『ゲシュタルト療法』ナカニシヤ出版）

Perls, F. (1969) Gestalt therapy verbatim, Real People Press（倉戸ヨシヤ監訳（二〇〇六）『ゲシュタルト療法バーベイティム』ナカニシヤ出版）

第7章

事例2　未完結から完結へ

はじめに

この事例は、あるセッションでなされたゲシュタルト療法流の夢への介入がなされたもので、〝夢のワーク（dream work）〟と言われているものである。テーマとしては、夢であるが、夢に象徴される心残りの経験、すなわちゲシュタルト療法的には未完結の経験を完結していく過程が見て取れる。ここで未完結（unfinished business）の経験とは、ゲシュタルト療法的には有機体内で未完結、未統合、不満足なものとして経験されるもので、完全な、あるいは統合した、満足なものとして経験されるまで何回も意識に上ってくるものを指す。完結（finished）とはクロージャー、すなわち、閉じることをいう。

ケースの概要

クライエント：五十歳中ばの女性。非常勤カウンセラー。

主訴：幼いときから何回となく繰り返して見る夢の意味を知りたい。
家族構成：夫と二人暮らし。
臨床像：背は高く姿勢がよい。ワンピース姿で清楚な感じ。透き通った声で、こちらを向いてゆっくり喋るのが印象的。その姿は凛として貴婦人の佇まい。
見立てと方針：繰り返し見る夢は実存的メーッセージとして未完結の経験を暗示しているのかもしれないので、その点を留意して介入する。このセッションでは、申し出に応じてゲシュタルト流の夢のワークをする。夢のワークについては既に知っているとのことなので、必要最小限の説明をした後、すぐにワークに入る。
セラピーの構造：月一回九〇分の面接（その中の一回のセッションを抽出）。

Th：「では、ご覧になっている夢をどうぞお話しください。」
Cl：「はい。小さいときから何回か見てきた断片的なものです。ずっと以前から同じ場所が出てくるんです。場所です。それは、ともかく、松葉ぼたんというんですか、爪切り草というんですか、あのピンクでなくて桃色の強烈な色の松葉ぼたんが、いっぱい塀の下に植わっているんですね。その塀は木の塀なんです。そして松葉ぼたんが、玄関までずっと……玄関はないんです。門の中まで続いているんです。そして、あの、普通なら玄関から入れるのに、庭の方からしか入れないんです。そして飛び石がずっとあって、その飛び石の周囲全部、桃色の松葉ぼたんです。そして、どこから上がるのか、ちょっと分からないんですけれども、部屋が出てきます。その部屋はあまり明るくない部屋で、殺風景な部屋です。あの、家具など見当たらない。そして出窓があって、その出窓の下が池なんです。そして、いつもその手摺ごしに、その出窓から、それが私なのか、あるいは違う人なのか、が座っているのです。そして池の方ですから、上から下を見る感じで池を見ているんです。そういう場面と、それから続いているのかどうか分からないんですけれど、また、あの部屋が出てきて、その部屋には大きな屏風がありまして、その屏風に虎の絵があるんです。その虎が、どういう虎か分からないんですけれど、目玉だけ見えるんですけど、で、その場で、それは、たぶん私みたいな感じがするんですけど、ご飯を食べてるんです。ご飯を食べてるのが、それが、あの、子どもなのに、他に大人はいないんです。それで、イライラしてきて、それで、お茶碗に入ったご飯を、その虎めがけてぶつけるんです。それだけなんですけど、それをずっと子どもの頃から何回か、もう、こうしていてでも出てくるのです。その色がね……最近、ここ三年か四年ほどはあまり見なくなりましたが、見ようと思えば、前が非常に長かったものですから、何回かありましたから、ぱっと出てきますけど、感覚としては、今頃は出てきません。」

右記は、セラピストである筆者にとっても非常に印象的な夢であるが、クライエントにとっては、「ずっと子どもの頃から何回か……もうこうしていてても出てくるのです。その色がね……」とあるごとく、強烈に気持ちのなかに焼き付いている夢と思われる。それだけに、一気に何かを吐き出すように語られたのであるが、この夢のワークの展開については、どのようになるのか、セラピストには予測がつかなかった。ただ、膨大なスケールのものになりそうだという感じがして、セラピストとしては、厳粛になっていたが、しかし緊張するのではなく、語られる夢に無心になって耳を傾け、また、その主体であるクライエントに心を開いて関わろうとしている自己に気づくのであった。なお、当クライエントにとっては、ゲシュタルト療法流の夢のワークは知ってはいたが実際に自分で経験するのははじめてであった。

Th：「この夢で、なんか、一番合点がゆかないとか、嫌な場面というと、どの場面でしょうか。」

Cl：「あの……嫌なのは、一つ一つ各場面嫌なんですけどね。まず、松葉ぼたんの色が、原色の桃色というのか、嫌なんですね。他の色の松葉ぼたんもあるのに、どうして、その桃色で、中の黄色い、なんというのですか、花心というんですか、強烈で、そして、葉っぱといいますか、茎といいますか、それが緑ですね。だから、そのコントラストがものすごく感じが悪い。その松葉ぼたんがずっと、その黒い、ちょっと焼けた板の塀からずっとつながってる。その下にずっと。そして、門を入って、そして玄関がないんです。ないというのは、分からないんです。映らないんです。そしてずっと右の方に行って、いつも右の方に行って石づたいに部屋に入る。で、その部屋は、あまり、あの明るくない。殺風景な、家具なんか全然見当たらない、生活の匂いのしない。不安な、そして、そこの出窓に座っているのが自分なのか、誰なのか分からない。ちょっと分からない、不安です。誰かいる……そして、一番怖い感じは虎のところですけど、それは自分では、なんか、お茶碗ぶつけたので気が済んでいるのか、あまり怖くない。睨んでいる虎が憎らしいという感じだけが、こう出てくるのであまり不安、そのとき給仕をしてくれる人が誰もいないのに、あまり不安は起こらない。その部屋が一番暗いんです、ほんとうは。」

Th：「今、ここまで喋っていらして、夢の中で、松葉ぼたんだとか、爪切り草だとか、部屋の殺風景な様子だとか、虎だとか……一番、こう、どの部分を喋りたいかというと、どの部分でしょうか。」

Cl：「やっぱり窓辺に座っているのが何か、誰かというか……」

Th：「もしも誰かが座っているとしたら、○○さんご自身かもしれないとおっしゃったですね。今、こう、窓辺があって、ここに……思い浮かべることができますか。」

Cl：「はい。」

Th：「こう、誰かが座ってるんですね。」

Cl：「私が座ることになるんですか。」

Th：「いえ、まだ分からない。しかし、誰かが座ってるんですね。○○さんはどこにいらっしゃるのかしら。」

Cl：「それが分からない。」

Th：「はい……それでは松葉ぼたんが生えているところからずっと家の中へはいりましょうか。石づたえに入って、庭からしか入れなくて、まあ、お入りになる。明るくない殺風景な部屋にお入りになる。出窓がある下には池がある。どなたか座っている。もしかしたらご自身かもしれない。そんな情景が浮かびますでしょうか。」

Cl：「はい、浮かびます。」

Th：「それでは、分からないなりに、『あなたどなたですか』と、問いかけてみませんか。」

ここでセラピストはクライエントに対して、まだ誰か分からないが出窓に座っている人物と、〝今―ここ〟での治療場面において、関わることを招いている。これも治療的招きの一つであるが、夢を、それは過去に見たものであるという事実はそのままにしておいて、ゲシュタルト派特有の治療技法により、あたかも、今、見つつあるかのように再現し、夢を〝今―ここ〟での経験として〝生きる・live through〟ことが、夢の持つ実存的メッセージを獲得する過程であるとの仮説にしたがったものである。

しかし，この招きはあくまでセラピストの治療的意図をもった招きであり，それに応じるかどうかは，クライエントの選択に委ねられている。このクライエントの場合は，以下のように，招きに応じている。

Cl：「……あなた誰あれ！　どうしてそこに座っているの……こっちを向いてくれないかな……なんか淋しそうね……どうして池の方ばかり向いて，こちら向けないのかなあ……あなた，ここのお家の人なの……なんか，やっぱり，子どもではない感じです。」

Th：「○○さんの問いかけに，まだ振り向かないですか。」

Cl：「まだ池の方，下を見てる。」

Th：「問いかけてみて，どんな感じ，経験をしていますか。」

Cl：「影の薄い感じ，その人が。それで割合，子どものような感じがしない。」

Th：「如何でしょう，よろしかったら，こちらに移っていただいて，『私は下の池の方を向いています。私は影のような存在です』というように，『私』を主語にして喋ってみませんか。」

Cl：「私は池の方をじっと見ています。私は影のような人です。どうしても、そちらを振り向けないのです……あなたの方を振り向けないんです。振り向いたら、何か池の中へ落ちてしまいそうな感じです……あなたに、ここにいらっしゃいと言えないような感じです……あなたがここへ来て池を見たら、きっと私みたいに淋しくなると思うから、ここに来なさいと言えないんです……」

Th：『どうぞ、もう一度伝えて下さい。『私は、あなたにこっちへいらっしゃいと言えないんです。言うと（あなたが）淋しく感じます』と。」

Cl：「私は、あなたにこっちへいらっしゃいと言えないんです。こっちへ来たら、きっとあなたは池を見て淋しく思うから言えないんです……」

Th：「今、どんなお気持ちでしょうか。何を経験してらっしゃいますか、そうおっしゃってみて。」

Cl：「何か、だんだんい影といいますか、それが、お母さんじゃないかという感じがする。」

Th：「○○さんのお母さん。」

Cl：「はぁ。」

クライエントは、セラピストの招きに応じて出窓に座っている人物になってみたのであるが、この辺りから、その人物が、パールズの仮説する自己の投影されたものというより、むしろ母親ではないかと感じ出したのである。そのことがセラピストにも頷けたので、セラピストはそこでクライエントに母親のイメージと関わることを以下のように招いているのである。

Th：「はぁ……○○さんに、もう一度なりましょうか。どうぞもう一度。『お母さんのような気がするけれど、あなた誰あれ！』という形で、どうぞ問いかけてください。」

Cl：「お母さん、お母さんと思うけど、あなた誰かしら……こっち向いて……どうして、そんな淋しそうにしてるの……お母さんでしょ！……どうして誰もいないのかしら、お母さんでしょう……」

Th：「何を今……」

Cl：「だんだんと、ま、映像がお母さんみたいな気がするんですけども……この部屋へいくまでの、その松葉ぼたんの強烈な、に比べて、そこの部屋、水、それから人も、なんか、透明といいますか、あまり色がないんです。だから何か分からない。」

上記のように、クライエントは母親のイメージと関わろうとして必死になるのであるが、なかなか思うようにいかない。セラピストである筆者は、ここで、歯痒さを感じるのであるが、しかし、焦らず、セラピストが先行し過ぎないようにしたいと気持ちを取り直して、印象的であった松葉ぼたんになってみることを勧めた。なお、今から振り返ると、治療技法上のことであるが、上記セラピストの歯痒さの率直な自己開示や何度「お母さんでしょう」と問うても反応がなく、「分からない」というクライエントの経験とはどのようなものか問うことも、有効な治療的招きであり得たことが推測できる。

Th：「『分からない』……松葉ボタンになってみましょうか。『私は桃色をした松葉ボタンです。』大きさとか、色だとか、あるいは、ずっと敷き詰めている様子だとか、そんなことからはじめませんか。」

Cl：「私は桃色の松葉ぼたんです。いや、松葉ぼたんというより爪切り草といった感じが出るくらいです。」

Th：「はい、『爪切り草』です。」

Cl：「詰め切り草です。私って、嫌な色、してるでしょう。」

Th：「ほんとに嫌な色をしてるみたいですか。」

Cl：「はい。それで、ちょうどあの、染まりたくないその色がね、こう……」

Th：「どうぞ続けてください。『私は嫌な色をしています。だから、私は逃れたくなりました』というか形で進めてみてください。」

Cl：「逃れたくなりました。私は桃色の爪切り草の側から逃げたくなりました。ここの入り口はどこなのかしら……やっぱり逃げ道、飛び石が途中で切れてしまいます。どこまでも爪切り草が、なんか、追っかけてくるみたいな感じに、その嫌な色と色に囲まれた飛び石に足をつけなきゃなんない。なんか気持ちが悪い感じ。」

Th：「今、追っかけられてるのは○○さんね。」

Cl：「はい、そうです。」

Th：「その嫌らしい、追っかけてくる爪切り草になりましょうか。『私は爪切り草です。

嫌な色をしています。』」

Cl：「私は爪切り草です。嫌な桃色の爪切り草で、葉っぱも嫌な色でしょう。この葉を悪戯すると青い汁が出るんですよ。『どこまでも追っかけて行こうと思う。だけどいなくなったね……飛び石が消えちゃった。』ですから爪切り草も消えちゃった。」

Th：「それじゃ、『私は爪切り草です。私はどこともなく消えます。』」

Cl：「あなたの前から爪切り草は消えます……あまり消えていない（笑い）。」

Th：「消えていない爪切り草はどこにいますか。」

Cl：「やっぱり塀の側。」

Th：「もう一度そこからいきましょうか。『私は爪切り草です。塀の側にたくさん生えています。』」

Cl：「爪切り草です。塀の側にいっぱい咲いています。そして、飛び石の周りにこうして囲んでいます。見えないように囲んでいるんです。そら、あなた、走って行ってるでしょう……うん、その辺りになると、爪切り草というよりも、あの、飛び石が消えるんです。石が消えて、その、あれ（爪切り草）も消えるんです。」

Th：「石になりましょうか。『私は飛び石ですか、庭石ですか。』」

Cl：「飛び石です。私は飛び石です。桃色の爪切り草に囲まれた飛び石です。」

Th：「そんな桃色の爪切り草に囲まれていて、どんな感じがしますか、飛び石としては。」

Cl：「私も、前の飛び石の側へ行きたいのに、また、あの飛び石である私の周りも爪切り草が囲んでいるので側へ寄れないいんです。あの爪切り草がなくなればよいのにと思います。そしてら、私も側へ行ける気がします。」

Th：「どなたの側へ行きたいのですか。他の飛び石？　もしも行けるとした……」

Cl：「ええ、あの、今、石になっているんです。隣の石の側へ行きたい……だけど、爪切り草が邪魔しているから行けない。その向こうの飛び石の周りにも爪切り草……なんか、爪切り草で囲まれてしまって身動きできない。」

Th：「私は身動きできません。」

Cl：「私は身動きができません。動きたいのに動けないのです……まあ、ちょっとだけ。」

Th：「はい。」

Cl：「桃色の爪切り草が、葉っぱだけになったところがあります。早くその石の方へ行きたい。」

Th：「はい。」

Cl：「だけど、あの葉っぱも、なんか、邪魔になります。葉っぱも、それか茎……だけでも、だんだん、その葉っぱと茎が少なくなってきました、その石の周りから……縁側が出てきました。」

Th：「はい。」

Cl：「ものすごく縁側は明るいです。」

Th：「はい。」

Cl：「でもやっぱり人はいません。」

ここでクライエントは、上記において、パールズの夢のワークの方法にしたがって、夢の登場してくる事物になってみている。すなわち、爪切り草になって、「私は嫌な色しているでしょう。」あるいは飛び石になって、「私は身動きできません」という具合に。もし投影された自己が存在するなら、それに気づくチャンスに直面している。

クライエントが，どれほどこの投影された自己に気づいたかどうかは，逐語記録の上からは不明であるが，クライエントは，とにかく，喘ぎながらではあるが，やがて再び縁側に辿り着いた。そして，その縁側は，「ものすごく明るいです」というクライエントに，セラピストはなにか楽観的な展開を感じるのであった。

Th：「どうぞ，ずっと見渡してください。何が見えますか。」

Cl：「縁側があって，縁側がありました。あぁ，私，石じゃなくて，もう私になっています。」

Th：「ご自身。」

Cl：「はい。なんか机が置いてあります。とても明るい部屋です。だけど，先の方はちょっと暗い。他に家具は見えません……あぁ，やっぱり出窓のある部屋へ来ました。」

Th：「何をごらんになれますか。」

Cl：「あの，今で影みたいな人だったのが，ちょっと色がついてきました。」

Th：「はい，どうぞ，もっとおっしゃって下さい。どんな色ですか。」

Cl：「頭、黒い、頭で……女の人です。浴衣みたいな着てる。」
Th：「はぁ……」
Cl：「大人です。」
Th：「はい。」
Cl：「その部屋、今までは、あの薄暗かったのが、池の方が非常に明るくなってきました。だけど、やっぱり向こう向いています。こっちを向いていません……あ、あの、腰を掛けています。出窓に腰を掛けています。向こう向いています。」
Th：「○○さんは、どこからその人を見ていますか。どこにいらっしゃいますか。」
Cl：「なんか、手前か、手前の部屋から見てるみたいに、その部屋を。ですから、ちょっと距離感があります。」
Th：「はい。」
Cl：「はい、そこまで行きたいので……」
Th：「ええ。」
Cl：「その部屋へは……入れました。だけど、その人の側へは行けない。」
Th：「行けない。」

Cl：「ちょっと行こう。」
Th：「ゆっくり行きましょう。」
Cl：「周囲を……その女の人……周りをぐるりと行ったり来たりしている……」
Th：「今、何を経験してらっしゃいますか。どんなお気持ちですか。」
Cl：「前のように……あまり不安感はなくなりました。」
Th：「不安感はなくなった。」
Cl：「はい。その人、こっち向かないけれども、そのなんか浴衣みたいな、その白とあの、なんか色のついた黒っぽい紺か黒か知りませんけれども模様のあるような浴衣みたいな着てる。帯は、ちょっと分かりませんけど、そういうのがはっきりしたことと、なんか池の方が、今まで、池も部屋の中も、欄干も、その人も、みんな溶け込んでるような、同じ色だったのが。池の方が部屋の中よりずっと明るく。」
Th：「明るく。」
Cl：「だから、あまり不安感はなくなりました……（何かに気づいた様子）……」
Th：「今、何が起こっているんですか。何に気づいていらっしゃるんですか。」

Cl：「ちょっと，ちょっと，横向いたみたいな感じです。」
Th：「はい。なるほど……」
Cl：「やっぱり，お母さんみたいです。」
Th：「お母さん。」
Cl：「はぁ。だけどもあんまりお母さんの顔でないみたい。でも，お母さんみたいな，だんだん後ろ姿がお母さんみたいになってきた。顔がまだはっきり分からない。」
Th：「分からない。どうぞ，もう一度，問いかけてみましょうか。『お母さんですか』と。」
Cl：「お母さんですか。お母さん……お母さんでしょう……どうしてここにお母さんいるの……やっぱりお母さんです。」
Th：「そっか。お母さんか。」
Cl：「どうして，ここにいるの……向こう向かないで，こっち向いて……いや，虎が入ってきました（笑い）。」
Th：「虎が入ってきた。はい。」
Cl：「いけませんね。（笑い）」

再び出窓のある部屋にやってきたクライエントは、今度は、前のような不安感もなく、母親のイメージに接近しようとするのであるが、なかなか容易ではない。そのとき、虎が入ってきて、クライエントが母親に接近するのを妨げた。この虎の登場は、「ハッ」とさせるが、セラピストには、クライエントの自我の固さ、あるいは未完結の経験の大きさなどを考えさせられる点で非常に興味深く思えた。しかしここでは、セラピストの解釈や想像によるのではなく、とにかく、クライエントに虎になりきることを勧めた。それは、クライエント自ら気づくことができるようにするためである。

Th：「『いけません』か。どうぞこちらに座って虎になってください。『私は虎です』。」

Cl：「はい。」

Th：「今、そういう場面に飛び込んだわけね。」

Cl：「私は虎です……お母さんの側に寄ってはいけません、はやく松葉ぼたんのところへ行きなさい……別に、この虎は危害を加えることもない。」

Th：「はぁ。ただお母さんのところへ近寄ったらいかんと言ってる。」

Cl：「はい。そうです。向こうの部屋へ行きなさい……この家には私とお母さんとしか居ないんだから。来たらいけません……」
Th：「なるほど。もっと虎としておっしゃることありませんか。」
Cl：「あんまり怖くない。憎らしい虎やけど、あんまり怖くない……」
Th：「お母さんになりませんか。」
Cl：「お母さんになれるかな。」
Th：「だめですか。」
Cl：「はい……いえ、やってみます。」
Th：「それなら、こちらへどうぞ……お母さんはどんなお気持ちですか。あるいは何をおっしゃりたいですか。虎と○○さんがいるわけね。」
Cl：「こっちだめですね。」
Th：「あぁ、そうですか。」
Cl：「こっちへ来ると真っ暗になる。何も映らない。こっちの窓が真っ暗で、こっちですと、池やなんか見えるんですけど、向こうからだと全然見えない。」
Th：「そしたら、今そこに座っているのは○○さんね。」
Cl：「はい。」

Th：「どうぞ、○○さんとして感じることと、おっしゃることがあったら言って下さい。」

Cl：「お母さん、ここはどこなんでしょう。どうして、私だけしかいないのかしら。おばあさんもお父さんもみんないないし……この辺りになってくると現実の家と違うんだと……だけど、これはどっかの家なんだという……」

Th：「感じがある。」

Cl：「はい。あります。夢じゃなくて、どこかの家みたいです。」

Th：「今、何にお気づきですか。あるいは何を経験してらっしゃいますか。」

Cl：「あの、現実的な問題として、あの、私がお母さんと二人きりになって、どっかに行ったことがあるかしらと、というのは、妹や、お父さんや、おばあさんしか出てこないから。ほんとうは、おばあさん、お父さんや妹たちと母と私とがいるわけですから。その家との違いです。そうすると、現実のものとして、やっぱりあの家は、あったんだ。あの家は、きっと、お母さんが肋膜かなんかやったときに、私と、あるいはお母さんだけで、転地療養していた家に私が行ったんかもしれないというような感じがしてきました。その辺で、具体性が帯びてきたんです。

だけども、夢ではないし、ちょっとその辺りが不安です……そして、現実には母が三年半ほど前に亡くなってから、あまりこの夢を見なくなりました。それまでは、ずっと見てた。ただ、こうして話していると、なんだか、だんだん感覚、ちょこちょこと言葉に出すと、ちょっと違ってくるような気がするんです。ですから、別に淋しいけれどもいやな夢ではないのです。何回も何回も見るような、夢のような、現実のような、何かあったんじゃないか、そういうような感じとしてありますから、あまり嫌な夢とか、嫌な感じではないので、あのなんか、あまり、細く言葉を重ねていくと、だんだん違ったものになってしまいそうな感じがするので……止めます。」

Th：「止めたい。」

Cl：「はい。」

虎が入ってきて、一時は妨害され、どうなることかと案じられたが、幸いなことに、その虎は「怖くない」存在であった。そこで、セラピストは、母親と接近するチャンスとばかり、思い切って、しかも、今度は母親に直接なるようにクライエントを招いた。しかし、「真っ暗で何も映らない」と、母親になれない。そこで、クライエントは自分自身に戻るのであるが、やがてクライエント自身、母親との関係における未完結の経験に気づき出した。しかし、この気づきはじめた未完結の経験に触れることが、クライエントにとってはあまりにも心の負担が大きすぎ、重すぎるためか、それ以上先へ進むことに躊躇が見られる。セラピストは、このクライエントの選択を尊重し、一旦は夢のワークを「止める」ことに同意した。しかし、席へ戻ったクライエントは落ち着きがなく、何か言いたそうに口を動かしていたのを観察したセラピストは、再び治療的招きをしたのである。

Th：「大丈夫ですか。口元が動いていますね……」

Cl：「ちょっと不安なのは……」

Th：「はい。」

Cl：「精神分裂と違うかと思うのです。色がものすごく鮮やかなのと、それから……その感じが夢なのか、それとも実際にあったんじゃないかと、実際の家なんじゃないかというのが、ちょっと分からないんです。」

Th：「なんか、分からないと気が済まない……何か不安で、そのためにお困りなことがおありになるんでしょうか。」

Cl：「いいえ。ないんです。ないんですけど……」

Th：「ないんですけど……」

Cl：「嫌な夢ではない。嫌な思いはないんです。懐かしいという感じの夢といいますか、画面といいますか、なんか言葉を重ねていると、それがちょっと違ったような形になるのが可笑しいみたいな気持ちがする。ただ、何だろうというのは、まだ残っていますけど。」

Th：「ある意味では夢は現実と重複しているけれども、なんかそっとしておきたい。今のところ喋れば喋るほど、なんか……」

Cl：「ちょっと、ちょっとずつ、ずれてくるような気がします。」

Th：「はい。」

Cl：「きっと、母親と一番時間的には長くいたはずなのに、気持ちのなかでは、短かったんで、あと迫ってくるんだろうかという風に思うんですけど。よく、これは本当の夢ですけど、うなされたりすると、なんか、その時々の夢で分からないですけど、なんか、分かったり分からなかったりするんですけど、なんか夢のなかで、『お父さん』と呼ぶことはないんですけど、いつも『お母さん』と呼ぶんだそうですから、大きな声で今でも。」

Th：「夢の中で……」

Cl：「はい。実際に声を出して、主人に起されるんです。だから、きっと離れてないんだと思います。母親から……」

Th：「離れてないから何回も出てくるんでしょうかね。」

Cl：「そう思います。想い出すというか……それと、亡くなるときに、他の妹たちは間に合いましたけれど、私だけ間に合わなかったことが、本当は心残りだったのかもしれません……」

再会した夢のワークにおいて、さらにクライエントは右記のように、「心残りだった」と、自らの母親に対する在り方、未完結の経験に気づいていったのであるが、ここで、セラピストは、クライエントが自ら気づいた未完結の経験に、〝今－ここ〟での治療場面の中でコンタクトをもつことができるよう以下のような治療的招きをしながら、クライエントに関わっていくのである。

Th：「今ね、仮に、お母さまがここに居らしたとしたら、また、○○さんがおっしゃりたいことが言えるとしたら、どんなことをおっしゃりたいですか。」

Cl：「まず……未だに、その、さっきの続きがちょっと、どっかに残っているので、あの家はどこだったんだろうと聞きたいです。それから、やっぱり亡くなるときに間に合わなくてごめんね、と言いたいです。」

Th：「よかったら、私の勧めですけど、お母さんがここに居るとして、おっしゃってみませんか。」

Cl：「お母さん、ごめんなさいね……なんか、私が姉妹の中で、一番悪いことしてたみたいで……心配させていたみたいで……お母さん、私に遠慮してたみたいやね。私がおばあさんと、隠居家の方へよく行ったから、きっと嫌やったんやね。でもお母さんのこと、何もおばあちゃんに言わなかったよ……あっ。一つの光景が浮かんできました……お母さん、あっ、光景ですから、そのときの光景です。母は商人の娘です。祖母は、まだその時代でも短刀を持っているような人でしたから

(笑い)、誇りがあったんですね。それで、ことごとに、商人の娘がという目で見ていたんじゃないかと思うんです。ですから、一番始めに生まれた私、長女、私を祖母はとり上げたんだと思います。だから、隠居家へよく連れて行ったと思います。同じ家の中にありました。ちょっと離れていましたが……その渡り廊下を通るときの辛さが……やっぱり私も母のところにおりたかったのに、おばあちゃんの手にひっぱられて渡り廊下を渡っていく嫌な感じが出てきました……」

Th：「そのときのお母さんのお気持ちはどうだったでしょうかね。」

Cl：「淋しかったやろうと思います……お母さんは何でああいうことしてんのか。一回だけちょっと変な光景を見たことがあるんです。あの、なんか、お台所で煮物かなんかしてたんだろうと思います。そして私が横でなんか、つまみ喰いしてるみたいです。そしたら、そのとき、私が、甘いねとか、辛いねとか言ったんです。そしたら、お母さんが……黙って、それを鍋ごと捨てたんです。そのときに、私が、まだそのときの私は小さいんですね。妹がいるんですけど、出てきませんから、まだ一人のときだと思いますが、おばあちゃんに言わないね、と言った。そしたら、頭を撫でられた。その感覚が出てきました。だから、母と祖母の間の、嫁・姑の間のなんか、その空気が、私に……今は全然忘れてしまっているんですけど、そのときは、ものすごく敏感に感じてたんだろうと思います。そういう、『言わないね』なんて言ったのは、きっと……あんまり小さい頃のは、そういう間に立って……あるときには、もしかしたら祖母と一緒に母をいじめていたんじゃないかなというような、それが、なんか……どっかに引っかかってんかなと、悪かったと思う気持ちのなかに何かあるんじゃないかと思います。」

このように、夢のワークはいよいよ終結を迎えるのであるが、クライエントは、母親に対して、今まで言えなかったか、あるいは気づいていなかった「ごめんなさい」という気持ちを、〝今―ここ〟での治療場面のなかで、涙ながらに繰り返し表出した。換言すれば、未完結の経験を夢のワークのなかで再体験することによって、完結へと向かう過程を経験していった。

Th：「おっしゃるような、そういう、諸々の気持ちを含めて、『お母さん。ごめんね』とおっしゃった。」

Cl：「はい……お母さん、ごめんなさいね。ごめんね（涙）……」
Th：「今、何を経験してらっしゃるのですか。」
Cl：「あの……あまり大きくない私の側に、母が傘を持って……」
Th：「はい。」
Cl：「差し掛けてくれています……」
Th：「お母さんは、〇〇さんに何とおっしゃっていますか。もし、おっしゃるとしたら……」
Cl：「何にも言わないで、笑ってる。」
Th：「笑ってる。」
Cl：「はぁ。だけど、とってもその傘は……（涙）……傘だか、母の腕の中なのか、ちょっと分からない。暖かいです。」
Th：「暖かい……」
Cl：「別に、雨が降っているようでもないんですけど、傘、差している（涙）……どうもありがとうございました。」

考察

以上、この夢のワークは時間的にも長く、クライエントとセラピスト共にエネルギーの要るもので、まさにワーキング・スルーといった感じをもつものであった。何回となく繰り返し夢になって出てくる幼いときからの未完結の経験に気づき、挫折しそうになりながら、それでも完結への向かう最終の過程は美しく、また、劇的であり、セラピストにとっても感動的な体験の過程であった。最後まで自己の気づきと関わっていったクライエントに、セラピストである筆者は畏敬の念と共に心からの祝福をしたい気持ちに駆られた。

一方、この夢のワークを通して、夢が自己の投影のみではなく、未完結の経験とのコンタクトの機能を果たしているとも考えられる。この夢で言えば、パールズが言う自己の投影から開始され、また途中において投影に気づき、自己とのアイデンティフィケーションを得ている。しかし、逐語記録をみると、投影の範疇では捉え難い展開をも示している。この事例から推測できることは、夢の持つ機能は、パールズの仮説した投影のみではなく、コンタクトの機能も持ち合わせていると言えよう。そして、〝今―ここ〟での治療関係において夢を〝生きる〟こと自体が、このコンタクト機能の可能性を示唆していると考えられる。とにかく、コンタクト機能を仮説することによって、夢のワークの展開やその治療技法上に広がりというか、新しい展開が可能になるように筆者には思える。

ここで夢の持つコンタクトの機能とは、未完結の経験との直面である。筆者の訓練時のポルスター博士夫妻によれば四つ挙げられている。

1　抵抗や感情、あるいは性格特徴とのコンタクトを可能にする。
2　物理的に会えない人や未完結の状況とのコンタクトを可能にする。
3　未知なるものの探求を可能にする。
4　新しい、あるいは、まだよく知られていない自己の探求を可能にする。

このようにポルスター博士夫妻やイザドール・フロムがすでに仮説していることであるが、アービン・ポルスターによれば、パールズ自身も、夢のワークの臨床においては、察知していたと考えられるとしている。いずれにしても、このコンタクト機能は投影機能の仮説と対立するものではなく、相互に補足し合う仮説と考えられる。（初

出：「夢のContact機能について」『甲南大学紀要』文学編32、1―36）

文献

倉戸ヨシヤ（一九七八）「夢のContact機能について」『甲南大学紀要』文学編32、1―36。

第8章

事例3　「私は鶏です」

はじめに

この事例はワークショップでのイメージ法によるものである。すなわち、セラピストが、イメージ法を導入した後、それに応じたクライエントのあるセッションでの逐語記録である。

ケースの概要

クライエント：五〇歳代半ばの女性で、医療老人ホームに勤務する指導員。

主訴：（参加動機）：指導員としてもっと力をつけたい。加齢とともに大卒の若い指導員と一緒に指導に当たることに自信をなくしている。

参加経緯：介護について専門的に学習していないので、勉強になるからと上司から勧められる。

臨床像：すらっとしてワンピースがよく似合う容姿。はじめ弱々しい感じがしたが、喋り出すとしっかりした口調で声にも張りがある。

見立てと方針：指導員として自信をなくしているのは大卒の若い指導員のなかで何か引け目を感じているからのようなので、自分を取り戻す手だてはないかを考える。そのためにゲシュタルト流のイメージ法を導入する。

セラピーの構造：セラピーの場は研修所で、一二人の参加者が一泊二日で一セッション二時間を合計五セッション行うグループ・セラピーである。

セラピーは、〈どなたかイメージ法を経験してみたい方はどうぞ〉というセラピストの治療的招きに応じたクライエントの発言から始まる。

Cl：「私は鶏です。」
Th：「ハイ。鶏なのですね。」
Cl：「私は鶏でもチャボですので、檻の中に入っているのは大嫌いなんです。」
Th：「なるほど。しかし現在は檻の中に入っているのですか。」
Cl：「現在は入っています……どこか飛び跳ねてみたいです。」

Th：「私は自由に飛び跳ねてみたいです。」
Cl：「小さいときは束縛されましたので、束縛されたくないのです。」
Th：「私は束縛されたくありません。」
Cl：「私は束縛されたくありません。」

ここでは束縛されたくないというクライエントの気持ちが共に〝今―ここ〟で実感されるようセラピストが反射している。同時に、強調もされている。また、束縛という言葉であるが、言葉自体はセラピストにも了解はできている。しかし、目の前にいるクライエントが、小さいときとは言っているが、どのような束縛を受けたのか、そのプロセスや、またそれは何からなのかなどは、分かってはいない。すなわち国語辞典的には、あるいは一般論としては、了解できていても、独自の経験として喋っているクライエントと共有できる言葉にはまだなっていない。そこで、共有すべく以下のように尋ねている。

Th：「小さいとき束縛されたとおっしゃいましたが、どんな束縛をお受けになりましたか、思い出すことがありますか。」

Cl：「両親が違いますので、顔色ばかり見て大きくなりました。」

Th：「なるほど……お幾つぐらいのときですか。」

Cl：「はっきり意識し出したのは九歳のときです。」

Th：「ご両親が違うとおっしゃったのは。」

Cl：「もらわれていきましたから。ちょうど一ヵ月くらいのときからもらわれていきました。九つまで私が自分の親だと思っていた人が死にましたとき分かったんです。」

このあたりも、クライエントの話す言葉をセラピストがズレることなく共有するための介入である。ゲシュタルト療法では、この言葉や経験を共有することがクライエント・セラピスト間の相互関係を醸成し、セラピーのプロセスを進展させる基になると考えている。それゆえ、分かった振りをせず、尋ねたり確認したりして、共有することをこよなく大切にしている。

Th：「分かったときのお気持ちは今でも覚えていらっしゃるかと思いますが、どんなお気持ちでしたか」

気持ちや感情に気づくことも自己洞察に繋がると考えられている。すなわち他ならぬ自らの感情に気づき、自らと自らがコンタクトすることは、とりもなおさず、自分自身（authentic self）になることだからである。しかし、日常生活の中では、感情を押し殺して、その場に適応することが優先されていることが多いのではないか。感情を押し殺すということは、精神分析で言う抑圧の概念と近似値であるが、ゲシュタルト療法では、〝地〟に追いやることをさし、心残り、未完結の経験と呼んでいる。それゆえセラピーでは、何を感じているか、どのような気持ちかなどに気づく介入をする。すなわち、〝図〟にのぼらせる関わりをするのである。すると、

Cl：「私は、他にも兄弟がたくさんいたのに私だけなんで里子にやられたのか……それから後からきた人が、ちょっと水商売上がりの人で厳しかったので……」

Th：「後からきた人とは。」

Cl：「後添えにきたお母さんですが、その母がとても厳しかったので、辛い思いをしました。」

Th：「その辛いお気持ちをどなたにおっしゃりたいですか。死んでしまった方でもいいし、ご自身でもかまわないし、僕でもかまわないし、どなたに伝えたいですか。かりに伝えられるとしたら。」

この介入も、ゲシュタルト療法の特徴かと思われるが、〝図〟にのぼらせるだけではなく「表出先（あるいは対象）」を模索することをする。すなわち、過去の押し殺した感情の表出先をイメージのなかに登場させ、表出する。そして表出することによって表出先と、また自分自身とコンタクトをしながら洞察を得るのである。そして〝今―ここ〟というセラピーの場で心残りを取り去ったりたり、未完結の経験を完結していく。

Cl：「死んだ母親に伝えたい。生んでくれた母親に、私だけなんでひとり里子に出されたのかと思って、それだけは言いたいです。」

Th：「分かりました。ところで、お母さんは亡くなられたのですか。（Cl：うなずく）いくつの時ですか。」

Cl：「一八のときです。」

Th：「ずいぶん昔のことですね。」

Cl：「はい、そうです。」

Th：「仮に、お母さんがどこかで聞いていらっしゃるとしたら、そう想定して……どんなことをおっしゃりたいですか。お母さんに言いたいとおっしゃったけど。お母さんに話しかけてみませんか。」

これはチェア・テクニックといわれているもので、古典的には空の椅子（空いている椅子）が使われる。その空の椅子に相手を座らせ対話するのである。この場合は、イメージのなかで母親を想定して対話がはじめられている。セラピーの場が日本間の場合は、座布団などが、空の椅子となる。

Cl：「私だけどうして、兄弟が一〇人もいたのに、私だけどうして里子にやられる具合になったのか、聞きたいです。」

Th：「もう一度おっしゃいませんか。」

Cl：「兄弟は一〇人もいたのに、私だけどうして里子に出されるようになったのか、聞きたいです。」

Th：「聞きたい想いがおありになると思いますが、どんなお気持ちからお母さんに聞いていらっしゃるのかしら。お母さんに伝えてみませんか。伝えられるとしたら。」

Cl：「私はもらわれていったのですが、私はあまり幸福ではなかったので、自分を押さえるように押さえるようにしてきたのですよ。自由に振る舞うことができなくって、もの言うときは、こう言えば、征伐されないかと、顔色ばかりをみて育ちました。」

Th：「そのような辛い経験をされたのですね。」

Cl：「そして次から次へと年寄りの世話をさせてもらいまして、四人送りました。自分の親は見送ることができませんでしたが、義理のお父さんとお母さんと、義理のお母さんの両親を見送りました。」

Th：「それをお母さんに伝えてみませんか。」

Cl：「私はあなたを自分の手で見送ることができませんでしたが、後で、義理のお父さんとお母さんをあなただと思って見送ってきました。」

Th：「一ヵ月とおっしゃったから、お母さんの顔を覚えていらっしゃらないかと思いますが……」

Cl：「覚えています。」

Th：「覚えていらっしゃる。」

Cl：「たまにしか、一年に二回だけでしたが、内緒で会ってました。」

Th：「なるほど。そうするとお母さんの顔を覚えてらっしゃいますか。」

Cl：「はい。父の顔は知りません。覚えがないです。」

Th：「お母さんの顔はお分かりになる。」

Cl：「はい。私のように小柄で、色は黒いですが、後は同じです。」

Th：「私は小さなチャボのような鶏ですとおっしゃったのは、そして檻のなかに入れられたくない、自由になりたい、束縛されたくない、とおっしゃったのは、そういう経験がおありになるからですね。」

Cl：「はい。」

Th：「いま、お母さんの顔を思い出すことができますか。」
Cl：「はい。」
Th：「映ってます。」
Cl：「はい。」
Th：「お母さんの顔がみえますか。」
Cl：「はい。」
Th：「一度、そのお母さんになってみませんか。」

母親の顔がイメージのなかに思い出されるかどうかという介入は、五感を大切にすることが現実適応の鍵だと考えるゲシュタルト療法の特徴であるが、ここでは加えて、〝今－ここ〟で関わるための臨場感を醸成するのがもくろまれている。そして、役割交代して母親になってみることを提案している。これは母親とのコンタクト、ひいては母親に対する自らの感情や思いに気づきを持つことを促進する介入である。

Th：「実の娘から、その辛かった話をされて、どうして私だけ里子に出されたのかと言われて、お母さん、どんなことを感じたかしら。お母さんの気持ちが想像できますか。お母さんはどんなことをおっしゃるかしら。」

Cl：「ひとつから、一ヵ月から大きくしてくれたお母さんは、生んでくれたお母さんの妹なんですね。それで女の子だから、大きくなったら嫁に出さなくてはいけない。おばちゃんのところやったら幸福になれると思って子に出したらしいです。」

Th：「話しかけてみませんか。お母さんの気持ちになって。」

Cl：「はい。」

Th：「小さいときどんなふうに呼ばれてたのかしら。」

Cl：「私は○○で生まれて○○で育ったので、小さいときは〃こいさん〃と呼ばれてました。」

Th：「〃こいさん〃ですか。お母さんになったつもりで、『こいさん』と呼び掛けてみませんか。」

Cl：「〃こいさん〃おばちゃんのところやったら、あなたが幸福になれると思って手放したんやで……」

Th：「そうだったのですね。」

Cl：「今のお母さんが死んでから、九つまで大きくしてくれたお母さんが死んでから、後のお母さんがきたとき取り戻そうとしたけど、できなかったと言ってました。」

Th：「はい。」

Cl：「家に居るお父さんが私を手放せなかったと言ってました。」

Th：「お母さんとしては、引き取りたかったけれど、引き取れなかったわけですね。引き取りたかったけれど引き取れなかったお母さんのお気持ちはどんなお気持ちですかね。〝こいさん〟に話しかけてみませんか。」

Cl：「可哀そうだと言ってました。」

Th：「おっしゃってみませんか。『こいさん』と話しかけて……」

この介入は、なかなか対話ができず、「言ってました」と過去形で、しかも第三者的に表現しているクライエントに対するものである。対話とは、二者間の、しかも現在形でしゃべることを基本とする。

Cl：「こんなに不幸になるんだったら子にやるんじゃなかった……」

Th：「はい……『こいさん』に戻りましょうか。今度は、『こいさん』はどんなふうにお母さんに応えますか。」

Cl：「私も帰りたかったけど、生みの親より育ての親とあるように義理に縛られて帰れなかった。」

Th：「私も帰りたかった。」

Cl：「十分帰れるチャンスもあったように思うのですけど、私も、年老いたお父さんを置いて帰るわけには行いかないという頭がもたげて、年寄りに仕えてきました。」

Th：「最後まで義理に縛られてしまったということですね。ご自身でも帰りたかったけど。」

Cl：(涙ぐむ……)

Cl：「だから私には青春がなかった。」

Th：「人生は一回きりしかないから、もう取り返しがつかない。どうにもならない。しかしもしも仮に、考えるだけでもばからしいことかもしれませんが、仮に可能だとすれば、どんなことをやってみたかったですか。やれなかったことなどありますか。」

Cl：「今の時代でしたら，おそらく両親のもとに帰っていたと思います。しかし当時は割り切ることができなくて，押さえるようにしてきました。チャンスを逃してきました。」

Th：「チャンスを逃したとおっしゃったけれど，どんなチャンスですか。」

Cl：「兄弟とおしゃべりしたり……」

Th：「なるほどご兄弟は今は。」

Cl：「○○にいます。」

Th：「お話になることがありますか。」

Cl：「はい。」

Cl：「△にいるもののところへはいけないのですか，○○にいるものには電話をしたり，こちらから会いにいきます。だけどこの前までは会いたい気持ちを押さえて我慢していました。お互いに我慢してきました。だからやりたいことはできませんでした。」

Th：「そのような兄弟との会話というか，可能なら話をしてみたいということですね。

その他に、もしもやり直すことができるなら、どんなことをやってみたいですか。」

Cl：「自分で商売をしたいです。」

Th：「どんな商売ですか。」

Cl：「家でも商売をしてましたので、手芸のお店を出したいです。」

セラピストはそうですかと頷きながら、どんな手芸の、どんなお店かなど、夢を語ってもらった。クライエントは声を弾ませ、目を輝かせて、まるでお店を開いているように語った。それは、現実には、イメージでしかなく、一瞬の楽しい時間でしかなかったが、クライエントには時空間を超越した心の安らぐ経験であったようである。そこで、セラピストは次善（second best）の策というか、今からでも現実に出来ることはないか、クライエントとともに模索する。すなわち最善（best）なものは、もう今となっては叶わないのであるが、現状の、限界のあるなかで、何か出来ないか。希望に繋がるものはないか、知恵をしぼるのである。セッションの終わりである。

考察

以上がイメージ法によるセラピーであるが、ここでゲシュタルト療法の理論と照らし合わせながら振り返ってみよう。

まず、クライエントの言葉や経験を共有するための介入があるが、繋がりを重視するゲシュタルト療法の介入である。そしてクライエントの気持ちや感情に気づく介入がある。気持ちや感情は、このクライエントにとっては「押し殺して」きたところの〝地＝無意識〟の部分である。それは裏を返せば、「義理にしばられて……」が、このクライエントの〝図＝意識の前面〟になり続けていたからである。その〝地〟の部分に焦点を当て、〝今－ここ〟というセラピーの場においてコンタクトを持ち、〝図〟にのぼらせる介入が試みられている。いったん〝地〟にあったものが〝図〟にのぼってくるプロセスには感情が溢れ出て、生き生きしたエネルギーが放出される。このあたりは、〝図〟と〝地〟は相互作用しているということ、それは〝今－ここ〟において成就されるというゲシュタルト療法の理論的背景がセラピストの支えになっている。

ゲシュタルト療法では〝地〟に追いやられるものはコンテンツ（事柄や内容）そのものではなく、「何にゆえに、私なのか」とか、「何故そうなったのか」など、コンテンツにまつわる感情であると考えられている。それゆえ、感情を〝図〟にのぼらせ、その感情にコンタクトを持ち、気づきを促進させることが目的になる。ゲシュタルト療法は「気づきにはじまり気づきに終わる」（Polster, 1973）セラピーなのである。そして気づきとは、〝今―ここ〟という現象学的場においてのみ可能になるのである。ひとたび気づきを持つと、いわゆる〝図地反転〟が起こるのである。〝地〟にあった経験のもうひとつの側面が浮かび上がってくる。

それをさらに強化するために、〝図〟にのぼってきた感情の表出先を模索し、表出する。このケースの場合は「生んでくれた母親」であるが、その母親にイメージのなかでクライエントの感情が表出されている。そして表出してみて、感情を押し殺してきた意味を洞察し、気づきを得る。すなわち〝図地反転〟が起こる。換言すれば、固着していたものの視野が広げられ、セラピューティックな意味が出てくるのである。〝図地反転〟が起こると、心残りや未完結の経験が完結へと導びかれる。ここで使われている介入法がチェアー・テクニックである。イメージの中の母親に表出したり、役割交代して母親になってみて応えたりしているのがそうである。

セラピー最後の介入は、気づきを得たクライエントが今まで逃してきた「チャンス」をイメージのなかで、いくぶんなりとも取り戻そうとする試みである。知恵を絞ったあげくに微かな希望が出てきている。それは微かでもあり、次善の策でしかないが、後述にあるように、このクライエントの人生を大きく変えるものへと繋がっていくのである。

後日このクライエントに再会する機会があった。それは一年後、掲載許可を得るためであった。もうすでに定年退職していたクライエントは許可を与えてくれただけでなく、後日談を話してくれた。

たとえば、小さいときの苦労は報われたこと。それは、刺繍を指導員仲間や回復期にある入所患者さんたちと共にはじめてバザーをして楽しかったこと。これは得意で、かつやりたかったことであったが、それが成就したこと。

また、入所患者さんが廊下で突然に大便を漏らした際、手際よくおむつを替えたり処理をしたため他の若い指導員仲間から一目置かれるようになったこと。これには四人も世話をして、なかには寝たきりであったひとの下の世話や看取った経験が活かされている。

結婚する指導員の着付けを頼まれて感謝されたこと。これは水商売上がりの二人目の義理の母親に着物を着せられていたり、厳しく育てられたので、着付けは雑作のないことであった。

このようなことで惜しまれて退職したが、その後も海外出張する医師家族の留守番を頼まれたり、出産した指導員の赤ちゃんのおしめの相談を受けたり、などで退職後も〝引っ張りだこ〟であること。

そして最後に、「人生は捨てたものではない。苦労がことごとく反転して生かされています」と笑みを浮かべて語ってくれた。

主訴で若い大卒の指導員と一緒に仕事をする自信をなくしていることが訴えられていたが、上記の経緯は、それを払拭して余りあることが伺えるものである。

第9章

事例4　喪のワーク

はじめに

フロイトの精神分析による多くの仕事は喪の作業、あるいは悲哀の作業といってよいだろう（小此木）。筆者の心理臨床の仕事も、広義の意味において、同様である。それは、すべてではないが、愛する人との死別や離別、知人、教師、あるいはペットなどとの別れから生じる悲哀の感情のセラピーだからである。故郷から離れること、転居、子ども時代や青年期との別れ、ときに引越、定年退職などからの感情や思いも、この範疇に入る。対象喪失と呼ばれているが、身体にも症状がでる。フロイトによれば、依存対象を失うからと説明されている。

ゲシュタルト療法的には、喪、あるいは悲哀は、繋がりのあった対象からの離散、突然のクロージャー（中断や閉じること）、その結果の心残り、すなわち未完結の経験となる。それゆえ、セラピーではそれら未完結の経験に気づき、しっかりと生起している感情や思いにコンタクトをもち、可能であれば、完結へと至ることが、望ましいとされる。

以下の例は、一回で終結したものであるが、三年前に妊娠三ヵ月の胎児を妻と相談して妊娠中絶した男性とのセラピーである。この男性と同じように、多くのクライエントは咳ききってセラピーに飛び込んでくるが、うまくいく場合は一回のセラピーで終結する。それは、回数ではなく、いわば、危機介入の様相を呈しているから、適切に介入し完結すれば収まるからである。

ケースの概要

クライエント：三一歳の男性。職業は教員。
主訴：罪悪感に苛まれている。イライラして眠れない。
臨床像：痩せ形で身長は高い方。憔悴した佇まい。服装はネクタイがよじれ、背広にはしわが目立つ。声は弱く、目だけが大きく見開いて、こちらを見ている。
見立てと方針：憔悴している佇まいが罪悪感の強いことを物語っているようである。罪悪感が図に上っていて、息苦しく、インパス状態にあると思われたので、十分に言語化してもらい、傾聴する。そして漸次、罪悪感についてコンタクトをしながら、生起する感情に気づき、未完結の経験を完結へと至る介入をする。
ケースの構造：個人セラピー。一セッション六〇分。有料。
セラピーの経過：入室してすぐ、クライエントは主訴に記載したところを話す。

Cl：中絶した当初は、これで助かると、経済的にも心のゆとりの上からも安堵をしたのですが、悪いことをしたのではないかという思いの方が強かった。その後もずっと、怯えていました。それが、先日、〝赤ちゃん〟のＴＶの特集をみたんですが、申し訳なかったという思いがよけいに強くなりました。
Th：「なるほど、そうだったんですか。とくにＴＶを見て悪いことした、申し訳ないというのは……」
Cl：「ＴＶの特集で、妊娠八週間でも、ちゃんと心臓が動いていて、目も水晶体ができ、形になっている……」
Th：「そうか。もう生命が宿っているのですね。」
Cl：「その通りです。もう生きているんです。人間の形をしてるんです。」
Th：「なるほどね。」

Cl：「なのに、私たち夫婦は、中絶してしまったんです……知らなかったとはいえ、殺してしまったんです……TVによると、もう心臓も動いていたのに……」
Th：「ええ。」
Cl：「私は経済のために、抹殺したんです、わが子を……」
Th：「はい……」
Cl：「こんな私は、人間失格です。教師失格です……父親になれたのに……しかし父親も失格ですね。」
Th：「なるほど。おっしゃっていて、どんな感じですか。人間も失格、教師も失格、父親も失格と、失格失格とおっしゃっていますが……」
Cl：「もう、どうもこうもないですね。何もかも……私って、なんの価値もない人間って感じます。生きてる値打ちがない失格人間です……」
Th：「『失格人間』というのを、ことばで一度、自分自身に言ってみませんか。こちらの椅子に、『失格人間』のあなたご自身が座っているとして、あなたのイメージに向かって……」
Cl：「（初め躊躇して）おまえ、人間失格だよ！　人殺しだよ！　口では命を大切にとか、どんな存在でも価値があるって、生徒には教えているけど、おまえ自身はなんだ！　生命あるものを自分の都合で殺してしまって……（涙ぐむ）」

Th：「おっしゃってみて如何がでしたか。」

Cl：「ほんとにそうだ。表面ではいい格好して、教師ぶってるけど、その内実はエゴの固まり。自己中心の人間だ、と。……もう取り返しが効かない過ちを犯してしまった……（小声で喋りながら涙ぐむ）」

Th：「もし仮に、葬られた胎児と話ができるとしたら、これは無茶な話ですが、擬人法です。あなたなら、どのように話しかけますか。」

Cl：「……ごめんなさい。ごめんなさい……ごめんなさい！　悪いことした。許して！許されないかもしれないけど。ほんとに、ごめんなさい（号泣する）……」

Th：「言えていますか。」

Cl：「七割くらい……」

Th：「なるほど。それならもう一度、言えたと思えるまで、おっしゃってみませんか。」

Cl：「悪かった！　ほんとに悪かった。愚かな父親を罰してください。」

Th：「罰してほしいのですか。先ほどは許して、と言ってたみたいだけど。」

Cl：「今は罰してほしい。そうしないと、気持ちが収まらない。」
Th：「そっか。分かりました。椅子のご自分を罰してください。」
Cl：「おまえは罰を受けるのは当然です。救いようのないことをしてしまって……」
Th：「そっか……」
Cl：「おまえはどうしようもない馬鹿だ。偽善者！……」
Th：「しっかり罰してますか。」
Cl：「はい……赤ん坊に謝りたい気持ちの方が強くなってきました。」
Th：「どうぞ、しっかり謝ってください。」
Cl：「ごめんなさい。ごめんね（号泣）。」
Th：「納得のいくまで続けてください。」
Cl：「ごめんね　……ごめんね……ほんとにごめんね（号泣）。」
Th：「……こんどは如何ですか。言えたかな。」
Cl：「言えています……なんか……たまらなく愛おしくなってきました。」
Th：「三ヵ月だったお子さんの様子がイメージに浮かびますか。」
Cl：「顔の形ははっきりとは分かりませんが、水晶体があり、頭の部分もあり、口もあるし、手も指もある……全体として、微笑んでいるような……そんな様子が見えます……」

Th：「ご自身のお子さんですね、三ヵ月の……」

Cl：「三ヶ月でも、わが子です。微笑んでいるのが、はっきりと分ります。」

Th：「声をお掛けになるとしたら……」

Cl：「ごめんね。ほんとにごめんね。命をかけて、大切なことを教えてくれたんだね、この馬鹿な父親に！……ありがとう。おまえの分まで頑張るから……」

Th：「一段落できるかな。」

Cl：「はい。終われます。」

Th：「それでは終わりましょうか。」

Cl：「ありごうとうございました。」

考察

このケースは、確かに、ある男性の喪の作業といえるものである。夫婦で話し合い、経済的な理由で妊娠中絶をしてしまったのであるが、心に残っていたところへTVの〝赤ちゃん〟特集をみて、すでに生命を宿し人間のかたちができつつあった胎児を見て、中絶したことへの罪悪感がつのってセラピーに飛び込んできたものである。無知であったとはいえ、TV特集で胎内で心臓が動いている様子や水晶体が形づくられつつある様子を見て、妊娠中絶は殺人で、したがって自分は殺人者で人間失格であり、父親失格、しかも職業が教師なので教師失格だと、自責した。

セラピーは、語られる自責の念、あるいは罪悪感を言語化することを勧めている。自らの感情や思いにコンタクトするためである。ここでエンプティ・チェア技法が使われているが、これは単に言語化するだけでなく、演じる（act out）ことを勧めるものである。演じることは、からだ全身で体験し、表現することを奨励するので、感情や思いが伴い、実感できる。すなわち、過去のものとしてではなく、〝今－ここ〟で、体感できる。体感できることはコンタクトができていることであり、感情や思いに自然に触れることができる。その感情や思いは、真実であるので、真の自己に触れる機会となる。この点が、ゲシュタルト療法のパワフルなところであるが、真の自己に触れると、ひとりでにつぎつぎと、セラピーは進展する。

このクライエントの場合は、罪悪感を十分に表現すると、自分への怒りの表出へと展開している。罪悪感はパールズによれば、基本的にいって、怒りが反転（リトロフレクション）したものであり、怒りは、本来は外へ向かって表出されるべきもとしている（Perls, 1973）。このクライエントの場合は、外ではなく、自らにぶつけているが、この点はこのセラピーの課題であるかもしれない。あとから振り返ってみると、オータニティブな介入としては、怒りを外へ表出するセラピーへと展開することもできた。しかし、このセラピーでは怒りは内へ向い罪悪感になり、そして胎児であるわが子への謝罪と展開されている。そうすると、「命をかけて、大切なことを教えてくれたんだね」と、実存的メッセージを得ている。このあたりは、筆者もセラピストとして介入していて、感動的で、スピリチュアルな経験をしている。

介入していた筆者も、実は、このクライエントに近い経験をしている（倉戸、二〇〇二）。したがって、一つは、感動しつつも、イントロジェクション（感情移入）でのめり込みそうになった。しかし、のめり込みそうと思っても、そうならないで介入できたのは、筆者はこの療法を身体で覚えてきた経験があるからである。それは、十分とはいえないまでも、感情移入やイントロジェクションを数多く体験し、クライエントとのバウンダリー（境界）をしっかり維持することができるようになっているからであろう。

二つは、セラピーが一回で終結している点である。さきに述べたように、開業している筆者のもとに来訪するクライエントのなかには、継続を必ずしも望んでいなく、とにかく今、切羽詰まって、抱えている未終結の経験をなんとかしたいと飛び込んでくるものがある。たとえば、中学生の息子が女子の更衣室に入り学校から呼び出されているが、どうしたら良いか。高校生の息子が寮で寝ながら勉強していたが、そばの電気スタンドを倒し、火災を起こしてしまったということで学校から電話が入り、行かなければならないが、怖くて行けない。あるいは、……

これは継続される場合もあるが、たいていは危機介入で終わることが多い。この点は経済的にも時間的にもクライエントに余裕がない場合が多く、かつ緊急な危機介入的になる。セラピストとしては、常に、継続の必要性があるかどうかを確認するようにしていて、返事が一回で終われるという場合は、そのまま終了している。

本ケースのクライエント場合も、ＴＶ特集をみて飛び込んできたもので、電話での申し込みの時点では分らなかったが、セラピーがはじまると危機介入的様相を呈したので、できる限りの介入をして終わったものである。

さらには、クライエントの人柄にもひとこと言及しておこう。初対面時には憔悴しきっていたが、それはTVの〝赤ちゃん〟特集を観て、それまでももっていた後ろめたさ、罪悪感をいっそう募らせたようであるが、このことはクライエントの超自我の強いことを物語っていよう。換言すれば、良心的といえるが、厳しいしつけをうけて育ったからともいえよう。この点について言えば、さらなるセラピーが考えられようが、筆者は、一ひとつが終われば、クライエントがさらなる必要性を訴え再度セラピーにやってくるまでは、そのままにしておく方である。なにはともあれ、最後には、「命をかけて、大切なことを教えてくれたんだね……ありがとう……おまえの分まで頑張るから……」と、パールズのいう実存的メッセージを得ている。振り返ってみると、このケースも一つの喪のワークであったといえよう。

文献

倉戸ヨシヤ（二〇〇二）「気が付けばカウンセラー」一丸藤太郎編『私はなぜカウンセラーになったか』創元社　135－156

第10章

ゲシュタルト派から見た身体についての小さな省察

はじめに

まず、表題に〝小さな〟省察としたのは、筆者の思い入れがあるからである。筆者がゲシュタルト療法の体験を通して得た知見や洞察したものは筆者を変容させるほどのものであった。それゆえ、筆者にとっては価値があり、大きなものである。しかし、身体とは何か、その機能、とりわけその人間存在にとっての意味はなにか、と問うたときに、筆者の知り得ている知見はほんの少しで、かつ〝小さな〟ものであろうと思われる。

この〝小さな〟は、ゲシュタルト療法でいう「身体は小宇宙」という表現にもよく表わされている。宇宙は、地球や他の惑星を含めて銀河系にあるということが分かっている。米国のNASAから打ち上げられた土星探査ロケットは土星最大の衛星タイタンに初着陸し、その表面の映像を地球に送ってきている。それをみると大きな氷状の固まりがあり、水が存在することが推測されている。

筆者はそのテレビを観て、「へぇ、水があるのか。水があれば生命の存在も可能かな！」とびっくりしたが、科学技術の進歩のおかげである。しかしこれとても、銀河系の一部の発見であって、宇宙はその銀河系の他に未知の世界がまだまだあるといわれている。宇宙はそれくらいスケールが大きい。想像を絶する未知の世界なのであろう。

ところで身体もそうであろう。身体についての知見は、ＤＮＡについてなど、かなりのところまで分かってきている。一言でいえば、身体はよく出来ていて、すばらしい、ということに尽きるであろう。しかし、裏をかえせば、驚嘆に値するくらい、あるいは不思議なくらいに、よく出来ているということで、身体については分かっていないところが、まだまだあるということになろう。それゆえに、臓器移植ひとつとりあげても、分かっていない部分が多々あるのに、部分を取り替えればよいという発想で敢行したのでは、まだまだ不十分な感が強い。

身体は宇宙のように深遠で、未知で、かつ神秘的な〝繋がり〟に満ちている。すばらしい統合体であるが、分かっていないところが多々ある存在でもある。一方、身体は、宇宙がそうであるように、かなり解明され分かっている部分もある。このように構造的にみると、身体と宇宙は互いに似ている。この辺りが、「身体は小宇宙」と言われているゆえんであろう。

ところで東洋では身体をどうみているかに言及しておきたい。ゲシュタルト派の見方と類似しているのが分かるからである。まず東洋では身体をひとつのまとまりのある全体としてみている。心臓や肝臓などの臓器は他の臓器と繋がっており、単独で機能はしていないとみている。したがって機械の部品を取り替えるように、一つの臓器だけを移植してもうまく他の臓器と繋がって機能するかどうかは、困難もしくは不可能とみている。それゆえ臓器移植には否定的である。ゲシュタルト派でも、身体はまとまりのある全体であり、部分の寄せ集めではないとみているので、上記と同様の捉え方をしている。それは音楽に譬えるなら、それは音の寄せ集めではなく、メロディのようなもので、やはり全体として、ひとつのまとまった繋がりなのである。この全体とか繋がりという見方は東洋の見方の特徴といえよう。

他の例として、食べることを挙げることができる。食べるとき、西洋ではナイフとフォークを使う。それらは、自分の都合のよいように、食物を切り刻んで口に持っていく道具である。それは肉などの切り刻む必要がある食物を食べるからであろう。これは食文化であるが、彼の地では、思考においても同様で、自分の都合の良いように考える傾向があるようである。一方、日本人は伝統的には箸で食べる。箸というのは、英語では、〝ぶち切る〟〝切断する〟という意の〝chopsticks〟が当てられているが、筆者の推測では、誤訳と思われる。なぜなら、箸は、元々、形状からも機能からも、挟むものであり、切り刻むものではなかったと推測できるからである。たとえば、めざしにしても、他の食物にしても、まるまる全体をつかんで口に持っていくのが日本である。もちろん、生活が豊かになり、またグローバリゼーションの影響で、食生活も西洋化されてしまい、単純には考えられなくなっている側面もあることは承知している。

上記の例は、東洋と西洋の違いを、如実に象徴しているように思われる。すなわち、先に挙げた臓器移植についても、西洋では善しとし、東洋では、東洋医学や漢方がそうであるように、否定的である。前者は心と身体は独立しているとする二元論的であるのに対して、後者は心身一如で一元論に立つからである。ゲシュタルト派は一元論で、心身一如の立場に立っている。

身体からのアプローチ

心身一如の立場に立つといったが、それは、心理臨床の方法論においてもそうである。たとえば、身体に〝なって〟みて、身体からのメッセージを得るということをする。心と身体は分割不能で、ひとつであるというところからの発想である。心は身体であり、身体は心であり、不可分であるとするのである。それゆえ身体からのメッセージはどのようなものか、すなわち、その象徴や意味を体験的に洞察しようとする試みなのである。

ここで、身体に〝なって〟みるというのは、たとえば凝っている〝肩〟になってみることを指し、「私は肩です」「私は凝っています」と、一種の擬人法をとることをいう。頭痛のする頭、胃炎の胃など、あるいは下痢や便秘があれば、それらのものに、いわば人格を付し、「私は〝下痢〟です」「私は〝便秘〟です」と、下痢や便秘になってみることをするのである。そうして、得られるメッセージから洞察をするのである。

さらなる論考は後述するとして、例として、面接のなかで実践されたものを、いくつか挙げてみよう。
例1は神経性胃炎で悩む二〇歳代後半の男性クライエントである。面接のなかでクライエントは職場に出勤する前や仕事中にも「きりきり」胃が痛むと訴えた。そしてこの症状が何年も続いており、医師の診断では、神経性胃炎であるとのことであった。セラピストは、傾聴しながら、目の前のクライエントが胃のあたりを手でなでているのを観察した。そこで、「今、手で何をしてらっしゃいますか。お気づきですか」と介入した。

Cl：「気がついていませんでした。」

Th：「〝手〟になったつもりで、『私は〝手〟です』とおっしゃって、それから〝胃〟に話しかけてみませんか。『あなた』と二人称で！」

クライエントはしばらくして、セラピストが差し出すもう一つの椅子にイメージ上の〝胃〟を座らせてから、

手：「私は〝手〟です。あなたが弱いので、私はこんなに苦労している。なんでもっと強くなれないのか……強くなってくれないと、私は一生困るじゃないか……」

と、〝手〟と〝胃〟との対話が開始される。

〝胃〟の方は、もう一つの椅子に座りながら、

胃：「私が苦しんでいるのは、あなたのせいですよ！　あなたが外面ばかりよくて、何でも『ハイ』と言って、断れないで、それでいて全部私に押し付けてくるからですよ」と、応答。

〝手〟の方は、たじろぎ、いくばくか、弁解したり、〝胃〟を非難し、攻撃したりするので、〝胃〟の方も応戦する。しばらくこのような対話が続いたが、〝手〟は「頼むから強くなってくれ」と、非難・攻撃から懇願に変わっていきながら、一方では、外面ばかり気にしていた自己に気づいていく。

手：「無理をさせていたのかな……」と、胃のあたりを擦りながら、「なんだか可哀そうな気がしてきた……「これから外にばかりいいかっこしないから……ごめんね……ごめんなさい……」と、〝胃〟に謝罪。

胃：「……仕方がないな。分かってくれたのならいいけど……私もがんばれるだけか

んばるから……」と、和解。

面接は、その後も一〇数回継続されたが、クライエントは上記のセッションの〝手〟と〝胃〟との対話の神秘的な体験を自宅においても継続し、外面の体裁ばかり気にすることを少しずつ修正することをはじめる。それをセラピストは喜び、さらなる強化をはかる。クライエントは、家族のなかでの価値観、学業成績や対面ばかり心配する親の顔色を気にしてきた自分、ほんとうの自分を出せないで不全感の強い自分、しかしそれ以外のとる道はなく仕方がなかったこと、そうすることでサバイバルしてきた自分を洞察していった。そこでクライエントは徐々に、胃炎から解放されていった。

例2はグループ・セラピーのものであるが、二九歳になる緑内障の男性のあるセッションでの様子である。

Cl：「僕は緑内障と診断されていて、だんだん周りが暗くなっていっているんです……」と、切り出す。

Th：「……知らなかったのでびっくりしてます……なにか言葉にしたいですが……うまく言えません。よかったらもう少し、私たちにおっしゃりたいことを話してくれませんか。」

Cl：「ただ知っていてほしかっただけです。僕、不安で、怖いんです……」と、気持ちを表しながら、病院に通っているが現在の医学ではどうにもならないこと、怖く、将来が暗く不安で見通せないことなどを語った。そこでセラピストは思い切ってイメージ法を導入する。

Th：「そんな怖くて不安なお気持ちを、何かイメージに譬えるとしたら……おできになりますかね……」と、ゲシュタルト派でいう治療的招きをする。

Cl：「ガレージの電動のシャッターが徐々に閉まってくるのに似てます。もう止められないです。鉄の扉がだんだん降りてくる」と。すると、グループに参加している一人が、「私がつっかえ棒になってあげる！」と、発言。すると、すかさず、「私も」「僕も」と、クライエント以外の参加者全員が発言する。「みんなつっかえ棒になってるよ！」と、セラピスト。そして続けて、「シャッターは！　まだ止まらないですか。どうなってる！」と、尋ねる。「止まらない！　あかんみたいや」

と、クライエント。「もっとしっかり支えよう！」と、参加者。「よっし、わかった。」セラピストは、「一二名もいるよ、支えているものが。みんなで支えてれば、シャッターくらい平気や！」と。参加しているもが口々に「よし！」とか、「これでもか！」「負けないぞ！」「止まれ！」などと、必死に発言する。やがて、「止まった！」と、クライエント。「止まった！　止まってる！」と、号泣しながら、報告する。居合わせた参加者も、いつのまにかクライエントの近くに寄り添っていたが、もらい泣きする。そして口々に、よかったと声をかける。握手するものあり、ハッグするものあり、高揚して早口に喋るものあり、皆、しばし感動の渦に浸る。

その後の経過については、一ヶ月に一回開催されていたグループ・セラピーの合宿においても報告されたが、医師の検診では緑内障の進行が止まっているとのことであった。やがてグループは終了し一〇数年が経つが、その間、ときに入手するクライエントの様子は、緑内障の進行が止まったこと、それゆえ一度は諦めていた結婚をし、子どもが生まれたこと、元気に仕事に精を出していること、などである。

例3は夢の中に出てきた身体像とでも言えるもので、若い女性のクライエントの初回面接のものである。

Cl：「昨夜、夢の中で私の腕が、何者かによって切断された。肘のところから切れて、肉や骨が見えていた。そして、それは暗闇のなかに宙ぶらりんとなっていた。とても怖かった。」

Th：「なるほど……いかがですか、その夢の状況を〝今－ここ〟で、もう一度、思い浮かべることができますか」と、問う。

これも治療的招きであるが、それに応じたクライエントに、椅子を差し出しながら、「この椅子に、あなたの〝夢〟が座っているとして、あなたの〝怖い〟気持ちを夢に伝えてみませんか」と、さらに勧めた。

Cl：「なんで出てきたん。私はこんなに怖いのに」と、自分の怖い気持ちをぶつけた。

Th：「今度はその椅子に座り、〝夢〟になってみませんか。」と、夢になって、怖がっているクライエントと対話することを勧めた。

夢：「出てきたんやから仕方ないやんか。そんなん言ったかて……返事に困るやないの……私はあなたを切り落とすつもりはなかったのやから。」

Cl：「私はなにも、あなたに悪いことしてないのに、何んで出てきたんや……出てこないでほしかった……」

夢：「あなたの気持ちは分かった。でも、私も好きで出てきたのではない。このことも分かってほしい。」

Cl：「しょうがないな……（涙ぐむ）……」

〝怖い夢〟との対話が一段落したようであるので、セラピストはここで、さらに介入していく。

Th：「今度は切り落とされた〝腕〟になってみてください。〝腕〟になるときは、『私は〝腕〟です』という具合に、いつも『私』を主語にして言ってください。そして、動詞は現在形を使ってください」と、勧める。

腕：「私は〝腕〟です。私は肘のところから切断されている〝腕〟です……私は……今、このように、肉や骨がむき出しになっていて痛々しい存在です。」

Th：「私は痛い。」

腕：「私は痛い……私は疲れた。もう、しんどい……私は一生懸命に働いている。それなのに……あなたは私を嫌ってる。」

Th：「今、『あなた』とおっしゃったけど、誰ですか。」

腕：「私の身体……私、私自身……腕を切り落とした張本人の私。」

そこでセラピストは、クライエントに、その「張本人の私」になるように椅子を勧める。

張本人の私：「そう言うたかて困るやないの……」

腕：「私はあなたに好かれるために一生懸命働いているのに……こうして今、切られた私をみて、知らん顔して、避けて通られるのには耐えられへん……私をどうして切って見捨てるの……」

張本人の私：「そういうつもりはない……そう、痛かったの、知らなかった……そんなあなたを知らなかった……」

腕：「（涙ぐむ）……（何度もうなづく）……」

しばらくしてクライエントは、セラピストに礼を言い、このセッションを終了。その後、セラピーは四ヵ月間継続されたが、最後に、〝腕〟がメッセージとして発信するものを受け止めて、大きな、しかし足が地に着いた決断をして終結。

以上3例を挙げたが、「高血圧で悩む年配者」「母親に占領された身体」「私は手押しポンプ」など、報告されているものをはじめ、痩せ症など、ほとんどの面接には身体もしくは身体イメージが出てくる。それゆえ、ゲシュタルト派では、身体に関する介入法や身体イメージ法による介入が技法として用いられる。

身体についてのゲシュタルト派の考え

まず例1では「今、手で何をしてらっしゃいますか」と、セラピストの五感で観察されたものから介入している。他の臨床例でもそうであるが、ゲシュタルト派では五感を、ことのほか大切にしている。五感による観察とその指摘は、〝今―ここ〟という現象学的場であるセラピーにおいて、クライエントと共有できるものであるからである。他方、それは自明であるからである。この自明であることは、セラピストとクライエントの間のズレを防ぐばかりでなく、共に身体で了解されるので、両者の信頼関係づくり、もしくは繋がりを促進する基礎になる。一方、クライエントの五感の活性化を計ることもする。五感は〝今―ここ〟すなわち現在においてしか機能しないが、そのことが現実適応を促進するものと考えているからである。このあたりが現象学的と呼ばれているところである。

つぎに、〝胃〟に〝なって〟みることを治療的招きとしている。そして〝手〟と対話することを勧めている。ここでクライエントの〝手〟は彼の頭でっかちな観念や価値観を象徴していることが分かる。それは、ゲシュタルト派の考えでは、取り入れた「べき」であり、「トップ・ドッグ（勝ち犬）」と呼んでいる。一方、この「べき」に対して「〜したい」は、「眠たい」「食べたい」「殴りたい」「解放されたい」など、身体（例1では胃）が欲求するものであるが、大抵の場合、「べき」に負けてしまうので、「アンダー・ドッグ（負け犬）」と呼ばれている。

また、〝手〟に象徴されるものは、〝気づいていないもの〟すなわち精神分析的には無意識に近い概念であるが、それから〝気づき〟すなわち精神分析的には意識化に近い概念、を獲得する過程を経て、「〝胃〟（身体）」と「〝手〟（心あるいは観念）」の和解・統合へと導かれていったことが分かる。この、〝胃〟や〝手〟に〝なって〟みるのは擬人法であるが、「トップ・ドッグ（≒超自我）」と「アンダー・ドッグ（≒イド）」の対話を促進することになる。ゲシュタルト派のセラピーでよく用いられるものである。精神分析と異なるところは、セラピストの解釈や説明ではなく、クライエント自らが気づくことに価値をおいているところであろう。

例2では、ゲシュタルト派でいうイメージ法が導入されている。ガレージの電動シャッターに緑内障の恐怖・不安が投影されている。このように自己の状況や感情をイメージ化できるのは、このクライエントの力と思われるが、参加者の「私がつっかえ棒になってあげる」との劇的でタイムリーな発言は、なんとすばらしい関わりであることか。これが全員での支えを誘発し、セラピストをも助けている。そしてこのセラピーの治療的側面を促進させている。

ゲシュタルト療法ではグループの形式をとることが多いが、グループはそれ自体、実に治療的なのである。例2の場合も、セラピストを補って、セラピーを有効かつ意味のあるものにしている。そして全員がひとつになる経験は、融合（confluence）と呼ばれているが、身体中にセンセーションを起させて、スピリチュアルな経験を得させている。換言すれば、この融合はクライエントを含めて、そこに居合わせた者全員がひとつに融け合い、自他の境界が感じられなくなる経験、「Jo－Harri の窓」でいう未知の世界へ入る経験で、身体を超えた身体的な経験と言えよう。

例3は「夢のワーク」と呼ばれているものである。ゲシュタルト派では夢をよく取り上げる。夢は欠けているものや避けているものに対しての、「取り上げなさい」と言わんばかりの、実存的メッセージなのである。したがって登場人物は、物や雰囲気も含めて、ドリーマーの投影されたものと考えられている。それゆえ、登場するものに〃なって〃みるのである。実存的メッセージを得るためである。例3のクライエントは、「私＝腕」「私＝切断されている」「私＝痛々しい存在」「私＝疲れて、しんどい」など、夢のどの部分も自己の投影であり、自己とのアイデンティフィケーションをもつものであるとするパールズの仮説を実感している。それは、「夢を生きる」ことをした結果であるが、技法的には夢の登場人物に〃なって〃みて登場人物同士で対話する方法をとっている。それはまた対話であるので現在形を用いる方法をとっているのである。

以上、3例をみてきたが、ゲシュタルト派では身体をどのように捉えるのか、整理しておこう。

まず、身体に、ことのほか関心を抱いていると言える。それは、身体を「小宇宙」と見ているし、まとまりのある全体として心と身体は分割不可と捉える一元論に立っている。先に触れたように、また心身症がそうであるように、身体は単独ではなく心と繋がっており、心も単独ではなく身体と密接に繋がっていると考えられている。「頭にくる」「怒り心頭」「頭痛持ち」「むかつく」「切れる」などの表現は、このことを表している。かつてフロイトは心的外傷という概念を提出し、心の傷・トラウマとしたが、現在では、心だけではなく、海馬にも、萎縮するなどの影響を及ぼしているという見方が一般的であろう。

さらに言えば、「人間は感情の動物である」とする説があるが、その感情はイコール身体と、ゲシュタルト派では考えている。なぜならば、それはたとえば、「眠りたい」「食べたい」「殴りたい」などの「〜したい」は身体的欲求であるが、それがブロックされると、「Why me?（どうしてなんだ！・私に限って何故なのだ！）」と、感情が惹起されるからである。そしてそのとき惹起される感情は誰のものか、と言えば、他ならぬ「私」のものである。とすると、身体は私とイコールとなるのである。言葉では嘘をつけても身体は嘘をつけない。正直で、私そのものだからである。このように考えてくると、身体＝感情＝私という図式が成立する。したがって、セラピーにおいては、例に見られるような介入となるのである。

「言葉が途絶えると身体に出る」とよく言われるが、まさにそうである。昨今、「切れ」たり「行動異常」で非行や犯罪に走る若者や、「面白くない」「性格はすぐに変わらないけど身体は変えられる」と、ボディ・ピアスをする若者、整形外科に多額の費用をつぎ込む中・高校生など、身体化の傾向がみられるが、これも、一口に言えば、言語化が不得手なところでの現代的現象と言える。

ある中一の男子は嘔吐が激しく、また嚥下が困難ということであったが、後日、しつけが厳しく過干渉の母親からことごとくガミガミ言われていて脅えていたことが判明した。言葉が途絶えた分だけ、身体で表現していた例である。ものが言えない、あるいは〝弱い〟子どもほど、身体でものを言っているように思われて仕方がない。

最近は、「切れる」代わりに、「捻くれ」て、ものを言わない高校生が増えていると中学校の先生から相談されたが、筆者は、その「捻くれ」ているときの身体はどのような姿勢なのか、観察することを提案した。きっと、身体でメッセージを出していて、そこに応答のサインがあると思われたからである。

また、思考がまとまっていないとき、優柔不断で選択ができないとき、むしゃくしゃするとき、あるいは願望を充足したいときなどに、夢を見る。その多くは、たとえば例3のように、身体が登場する。とくに「崖から落ちる」「逃げる」「捕まりそうになる」「ハラハラする」などの悪夢の場合も、身体的感覚を伴うことが多い。フォーカシングでいう〝フェルト・センス〟も、まさに身体で感じられるものではないか。このように身体は「人格の再構築への王道」と言えるのではないか、と筆者は考えている。

ところで、「頭痛がする」は英語では、一つには、〝I have a headache.〟と言うが、このように普通、〝have〟動詞を用いる。直訳すれば、「持っている」（所有物）となる。そこで、持っていて嫌なものなら捨てたらいい、と言わんばかりに、〝am〟と置き換えてみることをする。すなわち、〝I am the headache.〟となり、「頭痛の張本人は私である」あるいは「他ならぬ私が頭痛の種なのである」（実存）となる。このあたりが、ゲシュタルト療法は実存的と言われるゆえんであるが、まさに私自身が問われ、生きざまが見えてくるというものである。セラピーにおいても、一つの介入法として、用いられている。

ゲシュタルト派による身体について見てきたが、それは性格甲冑説のライヒ（Reich, W.）に始まり、自己実現傾向を発見したゴールドスタイン（Goldstein, K.）、それに一つの心理療法にまで統合したパールズとその弟子たちへと受け継がれ、蓄積されてきた知見なのである。

文献

パールズ著（一九九〇）（倉戸ヨシヤ監訳）『ゲシュタルト療法―その理論と実践』ナカニシヤ出版
パールズ著（二〇〇九）（倉戸ヨシヤ監訳）『ゲシュタルト療法バーベイティム』ナカニシヤ出版
倉戸ヨシヤ編著（一九九八）「ゲシュタルト療法」『現代のエスプリ』特集375号、至文堂
倉戸ヨシヤ（一九八九）「ゲシュタルト療法」河合隼雄・水島恵一・村瀬孝雄編『臨床心理学大系』9巻Ⅵ　123－145、金子書房

第11章

提唱者パールズ

パールズ（Frederick S. Perls; 1893－1970）は、実存主義的現象学の流れに属する心理療法であるゲシュタルト療法の提唱者として知られている。ゲシュタルト療法は、一九七〇年代に入って米国を中心に脚光を浴び、今や心理療法やカウンセリングのテキストに必ずといっていいくらい紹介されるようになったが、しかし、この療法の誕生を促したパールズの人物については、資料が乏しく、とくに幼少期のものは戦災にあい焼失してしまって、手がかりになるものは数少ない。

以下は「In And Out Of Gabagepail」（Perls, 1969）、「Frits」（Shepard, 1975）、「An Oral History of Gestalt Therapy」（Wysong & Rosenfeld, 1982）を中心に、聞き及んだエピソードなどを加えたものである。

パールズの誕生

パールズは、一八九三年ドイツ系ユダヤ人としてベルリン郊外のユダヤ人居住区に誕生している。このことは、彼がマイナリティの一員であったことを物語っているが、ゲットーで誕生していることと併せて、それらは疎外感をもちながらも過去に囚われず、あけっぴろげな性格、逆説的、つねに新しい考えをとり入れようとするバイタリティなど、パールズの人格形成上、さらには心理療法上にも、少なからず影響を及ぼしていると思われる。誕生は難産で鉗子分娩によったとされている。そして母親が乳頭感染症にかかっていて十分に授乳できず栄養障害を起こしたため、嘔吐、下痢、脱水症状に悩まされたという。後に「口愛的抵抗（oral resistance）」と題する論文を、チェコで開催された国際精神分析学会（一九三六）に提出しているが、それは、自らのこどもの育児の際に妻ローラ（Laura）と共に観察した結果ともいわれているが、彼自身の乳児期の経験に基づくものも大であったことと思われる。この論文は、抵抗に関するものであるが、フロイトのそれが幼児のトイレット・トレーニングにまつわるものであったのに対して、パールズのものは、トイレット・トレーニング以前にすでに幼児が口を通して外界と接する授乳時と、さらには離乳時にみられる現象としてとらえることができるというものであった。

両親であるが、仲がよくなく、夫婦喧嘩が絶えなかったらしい。父親は専制的で、かつ商用のためもあり、家をあけがちであった。パールズはこの父親から「碌でなし！」といわれていたこともあって、自分の父親のことを終生好きになれないでいる。このことと、彼が晩年まで自信のない性格の持ち主であったこととは、エディパールな観点を含めて精神分析的には大いに関係のあることかもしれない。またここで、他の心理療法家のことに想いをはせてみると、ユング（Carl G. Jung）も両親の不和の絶えないなか、幼少期を送らねばならなかったといわれている。両親が仲睦まじく、彼らから寵愛され、精神的に安定した幼少期を過ごしたという恵まれた経験の持ち主はフロイトだけだったのかもしれない。

パールズには三歳と一歳半年上の姉が二人いたが、上の姉が眼に障害をもっていたので母親の手をほとんど独占していた。そのため彼は嫉妬心をいだいたらしい。しかし、下の姉からは可愛がられ、救われたことを、自著のなかに書き残している。

スポーツに興味をもち、また母親につれられて演劇やオペラを鑑賞し、美術館をよく訪れたという。パールズは母親のこともよく思ってはいなかったが、この芸術好きの母親からの影響は大きかったと思われる。後にレコード音楽を楽しみ、年一度のヨーロッパ芸術訪問の旅を年中行事にしていたぐらいである。とくに演劇からは、〝今ーここ〟に生きて役柄の人物になりきること、言葉や声と演じる動きとの一致、ボディー・ランゲェージなどを学んで、彼の心理療法にとりいれている。

青年期

その後青年期に入ったパールズは両親や学校の教師の手に負えない少年、また落ちこぼれへとなっていく。たとえば、両親の部屋から金銭を盗む。勉強せず、ずる休みする。家出。小学校では優等生であったが、中等学校（ギムナジュウム）では丸暗記ものの勉強についていけず、落第点をとって退学するなどである。しかしこれらは、別の見方をすれば、すなわち、ゲシュタルト的に図地反転してみれば、彼はなかなかの強か者であったといえるのかもしれない。

後に、性に開放的で、むしろ無軌道といわれた彼も、最初の性体験は不全に終わっている。彼の一三歳のときであった。それがいかに屈辱的な経験であったか述懐している箇所がある。むしろ後の無軌道さは、父親の同じ無軌道さを観察学習した結果ともいえようが、このときの屈辱的経験を補償しようとした結果といえるかもしれない。

一四歳のとき別の中等学校に入る。自由で進歩的な学校で、教科よりも生徒そのものに教師として情熱をかける先生がいた。パールズも、好きな演劇に対する支持やポジティブなフィードバックを得て一転する。そのころ端役であったがベルリンのロイヤル劇場にエキストラとして出演する幸運を得てはりきったりもした。そうすると面白いもので、学業成績も飛躍的に向上し、漸次、力を発揮していくのである。それは、なんと一六歳の若さでベルリン大学医学部に合格するほどであった。教育の在り方、また師との出会いの大切さを痛感させられる。

医学部時代

この医学部時代に第一次世界大戦が勃発している。彼も駆り出される運命になるが、彼の戦争体験は悲惨さを物語る以外のなにものでもなかった。たとえば、赤十字の一員として負傷している捕虜に水を与えようとしたとき、味方からやるなと制止されたり、まだ息をしている敵をハンマー様のもので殴り殺して歩く味方兵を目撃したりした。戦争とは所詮そういうものかもしれない。しかし、若く、また感受性豊かなパールズは、精神的動揺をきたし、深い心の傷を負っている。この戦争体験の後遺症が彼をして医者仲間のみでなく、哲学者、芸術家、詩人、小説家など、権威主義をなくし、自由と平等の社会をつくる反文化の思潮に共鳴させていくのである。パールズの心理療法における関わり方に、ときとして激しいコンフロンテーションがみられることがあるが、それは、もしかしたら、このあたりの彼の気概が〝地〟にあるからかもしれない。

どうにか戦場を生き延びて帰国したパールズは、大学に戻り医師の資格を得て開業する。二七歳、一九二〇年のことであった。

精神分析家としての訓練

精神分析家としての訓練は、一女性との恋愛中に体験した愛、欲望、罪悪感、恥、嫉妬などの混乱を整理するために、自ら精神分析的治療を受けたことを契機にして始められている。まず、当時のベルリンで評判の高かったホーナイ（Karen Horney）に分析を受けている。一九二六年のことで、パールズは三三歳のときであった。しかし先に挙げた混乱は思うように整理がつかないまま、ホーナイとの分析はまもなく中断され、彼女から勧められるままフランクフルトのハッペル（Clara Happel）のもとにいく。このハッペルとの分析は一年かかるのであるが、そのなかで両親や社会がおしつけた価値観ではなく、たとえば善悪の判断や性、職業、生き方などについての自分の考えや価値観の問題にふれている。後に彼の学説となった両極性もしくは二者間の葛藤に体験的にふれることができ、この点で一つやりとおせている。しかしそう思った同じ日に、彼女から分析は「完了」といわれ、いまひとつと思っていたパールズは不全感のあまり、フランクフルトの町を一晩中、明け方まで彷徨ったという。しかし分析家の彼女に逆らうだけのエネルギーもなく、いわれるままにウイーンへいく。このあたりの有様は、だれでも心理臨床を志し療法家の門をたたいた経験のあるものには、ことのほか痛ましく感じられることである。筆者もそのひとりといえるが、しかし、筆者の場合、パールズにしてさえそのようなことがあったのかと、かえって安堵したり勇気づけられる思いもする。

とにかくパールズはウイーンへ赴きドイッチェ（Helene Deutsch）とヒルシュマン（Edward Hilschmann）の二人からコントロール・ワークを受けることになる。この間にフランクフルトのゴールドスタイン（Kurt Goldstein）の助手になっている。このゴールドシュタインは当時、脳損傷についてゲシュタルト心理学の立場から研究をしていたのであるが、彼との出会いが、パールズの心理療法の名称にもなっているゲシュタルトとの最初の出会いであり、また、後に結婚することになるローラとの出会いをもたらしている。一方、ヒルシュマンからは〝今－ここ〟の現在における関わり方を身をもって学んでいる。そのきっかけは、自分のペニスが標準以下ではないかというパールズの心配に対して、ヒルシュマンが即座に実地見聞をしながらその心配を除去してくれたことによる。パールズは、一つには、長年の劣等感から解放され、二つには、“今―ここ”の現象学的場において関わるすばらしさを学んでいる。

一九二八年に再びベルリンへ帰り臨床を開始するが、三人目の分析家ハルニク(Eugen J. Harnik)につく。分析が完了していないという思いがあったからである。一日約一時間、一週五日間、一八カ月コーチ(寝椅子)に寝て終了。ここで、分析は一応終了するのであるが、それは、分析から得られた洞察があったからではなく、当時ゲシュタルト心理学を大学院で専攻していたローラと結婚するためであった。しかし、一九二六年から一九三二年の六年間にわたる精神分析を打ち切ることになり、フロイト派の分析家の資格を獲得する。

資格を得てからも、不全感を拭い捨てさることができなかったパールズはライヒ(Wilhelm Reich)にさらに分析を受けることになる。このライヒとの分析において幼児期を中心とした過去を言語的にただ追っていくより、分析中の姿勢や声、身体の動きの方が、より洞察へと導かれることを学んだ。このライヒの関わり方は、いわゆる性格甲冑説に基ずくものであるが、これは先の演劇からの学習やヒルシュマンとの体験を強化することとなった。そしてなによりも、いままでの分析ではとれなかったしこりもとれ、また同時に精神分析におけるタブーからも解放されていった。パールズはライヒについて、生き生きしていて、反骨精神旺盛、政治や性についても隠さないと高く評価しているが、このライヒとの分析は、彼がナチスドイツの迫害から逃れるために、ノールウエイに行くまで続けられている。ユダヤ系であるパールズ自身もやがて襲ってくるであろうホロコーストの危険を感じて一九三三年四月にはオランダへ、そして南アフリカへと逃亡生活を送ることになる。

ヨハネスブルグ時代

南アフリカではヨハネスブルグでパールズは、彼地で最初の精神分析研究所を妻のローラと一九三五年に設立している。そして、米国へ渡るまでの一二年間、分析家として成功し、はじめてテニス・コートやプール付きの家にメイドを雇うなどの、豪勢な私生活を楽しむことになる。

このヨハネスブルグ時代のエピソードとしては、なんといっても、先にあげた論文に関するもので、フロイトとの悲劇的な会見や論文発表が歓迎されなかった経験であった。それは一九三六年のことであったが、国際精神分析学会がチェコで開催されたときのことである。フロイトの滞在しているホテルへ出掛けていったパールズは「南アフリカより研究発表のために、そしてあなたに会うためにきました」と意気込んで挨拶したのであるが、それに対するフロイトの返答は、「なるほど、それでいつ帰るつもりだい」というものであったという。パールズは、出鼻を挫かれ、後々に大きく残るほどのショックを受けている。また彼の「口愛的抵抗」という研究発表は、先にふれたごとく、フロイトが抵抗を母親のトイレット・トレーニングの際に排泄しないなど、肛門期の幼児にみられるものとしたのに対して、肛門期よりも早い時期の幼児にも、怒りのために食物の摂取を拒否する現象があり、そのなかに認められるという内容のものであった。しかしこの発表も学会では歓迎されなかった。パールズは、分析家として止どまれないと思うほどの失意のうちにヨハネスブルグに帰ってくるのであるが、このとき、フロイトとの訣別を心に誓ったといわれている。この体験後、彼は人が変わったといわれているが、四年後の一九四〇年（一九四二年出版）には、フロイト理論と実践の修正と副題のついた「Ego, Hunger & Aggression」を著している。フロイトからの訣別を表したもので、当時のパールズの考え方を自ら Concentration Therapy と名づけていた。今でいう、ゲシュタルト療法であるが、その基本を述べた最初の著作である。

筆者はここで、ユングも師フロイトからの離別を契機にアイデンティティの危機に陥っていることに想いをはせた。師として仰ぐ気持ちが大きければ大きいほど、師からの離別は動揺を伴うのかもしれない。しかし、この動揺に耐え得るもののみが、新しい芽になる栄誉を勝ち取ることができるのかもしれない。師からの離別の意味を考えさせられるエピソードである。

このころ勃発した第二次世界大戦の波は、アフリカの地にまで押し寄せてきた。パールズは、再び戦争に駆り出されるが、ヨハネスブルグが英国領であったので、今度は英国軍に加わって、ドイツを相手に戦ったのである。この戦争が節目になり、彼は米国へ渡る決心をする。

ニューヨーク時代

一九四六年夏のことであったが、パールズ五三歳のときであった。まず、単身にてニューヨークへ渡る。幸いにも、彼のベルリン時代の最初の分析家ホーナイを中心に、フロム（Erich Fromm）やトンプソン（Clara Thompson）などの援助を得て、ネオ・フロデイアンが多く集まっている後のウイリアム・アレンソン・ホワイト精神分析研究所（William Alanson White Psychoanalytic Institute）にて、臨床を開始。やがて、独立して全米を講演とデモンストレーションをして歩くが、ニューヨークでセラピー・グループを開始し、またセラピストの養成にあたっている。そのなかには、「Gestalt Therapy」（一九五一）の共著者であるグッドマン（Paul Goodman）やヘフリン（Ralph Hefferline）が含まれていた。また、最初のPh.D。心理学者シムキン（Jim Simkin）も入っていた。

この「Gestalt Therapy」は四七〇ページにもわたるものであるが、第1部はゲシュタルト療法の基本原理を、とくに自己理解に焦点をあてたエクササイズを紹介している。第2部は成長の構造、現実・人間性・社会、自己概念などについての論述で、難解ではあるが、精神分析を批判した箇所もみられ、必読書である。

間もなく、一九五二年にニューヨーク・ゲシュタルト療法研究所を妻ローラとともに開設する。これ以後パールズは公にゲシュタルト療法という名称をもちいだしたといわれているが、全米各地を精力的に訪問し、ゲシュタルト療法の普及に力を注ぐ。

そのなかでも、定期的に訪問をしたクリーブランドに、一九五四年に研究所が開設されている。クリーブランド・ゲシュタルト療法研究所である。この研究所から多くの傑出したゲシュタルト療法家が育っているが、なかでもポルスター夫妻（Erving & Miriam Polster）はその筆頭である。

一九五七年、妻ローラのもとを離れてマイアミに移り住む。六三歳であったが、家族からも仕事からも身を引いて、老後を温暖なところで過ごすためであったという。そのマイアミで、マーティ・フロム（Marty Fromm）に出会う。フロムは、三二歳でセラピー・グループの参加者であったが、やがて彼女との関係は恋愛関係に発展していく。このフロムは、パールズにとっては「生涯のうちで最も重要な存在となった人」となっていくのであるが、彼女には夫や子供があり、パールズは離れようとしてコロンバス州立病院精神科のレジデントとして赴任する。しかし、結局は彼女が忘れられず、フロリダに戻ってくる。同時に、これを契機に元気を取り戻し、心理療法家としても復活する。

心理療法家として復帰した彼は再び活躍し出すのであるが、その一つに一九五八年、サンフランシスコで開催された米国心理学会（ＡＰＡ）のパネラーとして招かれている。このとき、「The Natural Depth in Man」の著書で知られる現象学者バン・デューセン（Wilson Van Dusen）と知り合う。翌年、一九五九年彼の招きでカルフォルニアのメンドシノ州立病院のコンサルタントに就任する。そして一九六〇年には、シムキンの応援を得て、ロスに移り住む。転々と居を変え、渡り歩くパールズの姿は年老いたジプシーのそれに似て、人をして侘しく感じさせる。しかし、それは、精神的にも物理的にも、安住の地を持たない「渡り歩くユダヤ人」の悲しい姿でもあった。このころのパールズは、とにかく、フロムから離れようと努力するあまりか、ＬＳＤに浸り、相当荒んでいたといわれている。そのパールズを助けたのが、ニューヨーク時代のかっての弟子シムキンであった。シムキンは、バン・デューセンと同様に、彼を定着させようと家族のなかに彼を迎え入れ、グループ・セラピーが成立するよう、参加者を募ってやったりした。シムキンが世話をした参加者のなかには、ケンプラー（Walt Kempler）やショーストローム（Ev Shostrum）など、錚々たるメンバーが含まれていた。グループもうまく動きだし、立ち直ったパールズは、しばしロスの郊外にまで手を拡げるのであるが、一箇所に定住できないたちの彼は、グループをケンプラーやシムキンスに任せて、突然、世界旅行に出てしまう。一九六二年のことであるが、極東、中近東、ヨーロッパを周り、そしてニューヨークを経てカルフォルニアに帰りついている。東京と京都に立ち寄ったのもこのときである。

東京と京都へ立ち寄る

とくに京都では、大徳寺にて二カ月を過ごし、座禅を体験している。このときの経験で強く印象に残ったものは、座禅もさることながら、京都の町の落ち着いたたたずまい、寺、座布団、親しげな町の人々の顔などであったという。以来、パールズは自分自身のことを、禅的ユダヤ教徒（**Zen Judaist**）と呼んでいる。

この旅行で、気に入ったもう一つのところは、イスラエルのエラース（**Elath**）であった。京都と同じく、静かな落ち着きをもっているところや紅海の鮮やかな色に惹きつけられたらしい。この町で、パールズはアメリカから逃れてきたビートニックたちに会い、目標や生産性を問わず、ただ存在するだけで幸福を見出している有様を目の当たりに見て、驚嘆している。この京都とエラーズでの経験は、よほど印象的であったとみえ、ロスに帰ってからの彼の人生観に変化をもたらしている。帰国後、しばらくして、偶然に、ビッグサーにある後のエサレンと呼ばれるようになる研究所のレジデントになる。

エサレン時代

このエサレン研究所はマーフィー（Mihael Murphy）の持ち物で、もともと小さなホテルで、風光明媚なカルフォルニア州道一号線ぞいにあった。ここは、六〇年代のいわゆるHuman Potential Movementの発祥の地であった。記録によれば、一九六三年サンフランシスコの心理学者サガン（Gene Sagan）が「想像の教育」と題して、演劇、ダンス、音楽、社会学、心理学、からだ、などを専門とする学者や専門家を集めて、学際的カンファレンスを開催したことに端を発している。パールズもこのカンファレンスに招かれており、やがてここのレジデントになる。

そして、このエサレン研究所では、ヨガ、マッサージ、宗教的経験、感覚活性化、エンカウンター・グループなどが、心理学や芸術の領域に加えて取り上げられ、数多くの参加者を得て、その名が世に知られるようになっていった。そのなかには、エンカウンター・グループで有名なシュッツ（William Schutz）もいた。

このシュッツに、ときに、対抗意欲を燃やしながら、パールズもゲシュタルト療法を広め、漸次、この研究所の主役に踊り出る。そして当時も、また、とくに後生、伝説的な存在として、人の口に上るようになっていった。

エサレン時代の彼にまつわるエピソードには限りがない。たとえは、マズロー（Abraham Maslow）やメイ（Role May）とのものがある。それはエサレンで開かれたセミナーのときであったが、彼らに対してパールズは、「自己実現」を口にしながら、現実にはいっこうに自己実現していないと評したり、「実存」を語りながら、ひとつも生き生きしていないと批判したことに端を発している。またパールズは、シカゴのAPAのシンポジュウムのパネラーの一人として参加したとき、面白くない発表なので、会場で横になって居眠りをするふりをしたとか、パールズの茶目っ気ぶりは、他のものを併せて、とかく学界の話題のタネとなった。「ゲシュタルトの祈り」としてよく知られている次の詩も、彼のエサレン時代に詠まれている。

「私は私のことをする。あなたもあなたのことをする。
私がこの世に生を享けたのはあなたの期待に応えるためではない。
あなたもこの世に生を享けたのは私の期待に応えるためではない。
あなたはあなたであり、私は私である。
もし期せずして、互いに出会うなら、それは美しい。
しかし、もし出会わなかったとしても、
それは仕方のないことである。」

一九六七年から一九六八年にもたれたワークショップのテープの逐語記録をスティーブンス（John O. Stevens）が編集したものが「Gestalt Therapy Verbatim」（一九六九）である。いまではゲシュタルト療法の古典的文献のひとつに数えられるものである。外的・内的コントロール、総和、気づき、自我境界などゲシュタルト療法の基本概念を述べた序説、夢を生きるなど夢の心理療法の記録と質疑応答からなるドリーム・ワーク・セミナーなどの内容から構成されている。

パールズはゲシュタルト療法のなかに多くのものを取り入れているといわれている

が、以下はその例の一部である。セルバー（Charlotte Selver）からは身体の気づき、モレノ（Jacob L. Moreno）からはサイコドラマ的手法、セホス（Arhtur Ceppos）からはダイアネティックス、そしてワイツ（Paul Weisz）からは禅などである。

これらは、ときに〝今―ここ〟での身体内外における気づき、夢の登場人物をサイコドラマよろしく演じる手法、役割を交替しながら自ら演じたり、関わったりするホット・シート技法などとなって結実している。

しかし妻でもあり、ゴールドスタインのもとでゲシュタルト心理学を学び、自らもフランクフルトやベルリンの精神分析研究所で訓練を受け、また、とくに小さいときからモダン・ダンスを学んで、ことのほか身体についいては関心をいだいていたローラの影響を忘れてはならない。エサレン研究所では、気難しがりや、偏屈、教祖的、伝説の人、偉大なセラピストなど、さまざまな評判のなかで、それでも多くの人を魅了してやまなかった。また心理療法家としても人気を得て、またそれゆえに経済的にも成功をおさめたのであるが、彼の晩年は、労働をともにしながら人生を語り合う集団、同時に治療的雰囲気をもっている集団、すなわち彼のいうゲシュタルト・キブツの建設についやされることになる。

ゲシュタルト・キブツの建設

場所はカナダのブリティッシュ・コロンビア州のバンクーバー島にあるカウィチャン湖畔であった。一九六八年の暮れであったが、翌年、カナダ・ゲシュタルト療法研究所と名づけられた。パールズ、七六歳のことであった。

このゲシュタルト・キブツでは、すべてが自主的に参加・運営され、パールズはエサレンでは得られなかった人々からの尊敬と友情を得て幸福な日々を過ごした。それは、とうとう人生の最後のときになってしまってはいたが、彼をして「この地こそ我が安住の場所だ」といわしめるほどであった。そのなかには『人は人によりて』（柘植ほか訳、明治図書）をロジャーズと共著したスティーブンス（Barry Steven）、リオン（Teddy Lyon）、精神科医ストーンフィールド（John Stonefield）などがいた。

またここでのパールズは、それまでの闘争心も消え、ひととなりも風貌も以前の彼からは想像もつかないほど穏やかで、忍耐強く、愛情溢れる好好爺といったところであったという。もはや「精神的に平和で、もう世の中と闘わなくてもよい」心境にあった。このころのパールズの心理療法は、それを知る人によれば、過度のコンフロンテーションに終止するのではなく、抱擁力溢れるソフトなものであったという。いわば円熟期の心理療法というのに相応しいものであった。

一九六九年の冬、この老いたパールズは何度目かのヨーロッパ旅行に出かける。ウイーンのオペラハウスや美術館、ザルツブルグ、パリ、ベルリン、そしてロンドンと旅を続けるのであるが、ホンコン風邪にみまわれる。翌年一九七〇年二月、ニューヨークに帰ってくるのであるが、風邪は悪化し、身体は極度に衰弱していた。吐き気と下痢に悩まされながら、それでも予定されていたニューハンプシャーやマサチューセッツでのワークショップをこなした。しかし、イリノイ大学医学部での講演を前に、とうとう入院を余儀なくさせられるのである。数日間、検査や手術をするが、快方に向かわず、入院先のウエイス記念病院にて死亡する。一九七〇年三月二八日、パールズ、七六歳であった。後に膵臓ガンであったことが判明している。

文献

Perls, F. (1969) In and out of gabagepail, Real People Press.
Shepard, M. (1975) Fritz, Saturday Review P ress.
Wysong, J. & Rosenfeld, E. (1982) An oral history of Gestalt therapy, The Gestalt Journal.

あとがき

本書は、筆者がいままでにゲシュタルト療法の心理臨床における研究や実践において蓄積してきたものを著したものである。お読みいただいたみなさんはどのような感想を持たれたであろうか。いままでの心理療法とは異なる点が多いが、少しでも刺激を受けられ、気づきを持たれたということであれば幸いである。

ゲシュタルト療法は、わが国においては、いわゆる心理療法の主流派ではないとされ、そのためか、まだまだ広く衆知されるまでには至っていないかもしれない。しかし、わが国に紹介され、すでに三五年以上が経っているし、その心理臨床における知見もかなり蓄積されていて、学会においても報告されているものである。

ゲシュタルト療法と筆者との出会いは、「はじめに」にある通り、偶然であったが、何か備えられていた感もあり、幸いに思う。そしてなにより講義を聞いて頭から入ったのではなく、からだから体験的に学べたことも、幸運であった。クライエントに介入するときにからだが反応してくれ、自ずと介入するタイミングやことばが出てくるからである。

ゲシュタルト療法は、イギリスでも米国でもゲシュタルト心理学とは関係がないと書物にあるのを散見するが、実際にはそのようなことはなく、その基盤を列記としたゲシュタルト心理学においているのである。それゆえ、第一章では、このあたりの省察に触れておいた。ゲシュタルト療法は、繰り返しになるが、与えられた条件内において全体として形態的にすぐれ、かつ秩序あるまとまりをなそうとする傾向などのゲシュタルト要因を概念化した、ドイツを中心に展開されたゲシュタルト派といわれる知覚における心理学が基盤になっている。この知覚における心理学は、その後、生理、学習、人格、集団・社会を経て精神的現象へ、そして心理療法へと発展していくのである。本書で取り上げた〝図〟と〝地〟とその反転、精神的・社会的ホメオスターシス、全体性、クロージャー（閉じる）、統合された人格、などの概念がそうである。

いま一つは、提唱者パールズは、ベルリン大学において、ゲシュタルト学派の生理学者、あるいは自己実現傾向で知られるゴールドシュタイン（Goldstein, K.）の助手を務めているし、その研究室で知りあった大学院生ローラ（Laura）と結婚している。それゆえ、ゲシュタルトとは馴染みがあったわけである。ただし、意識を集中するセラピーなので、はじめはコンセントレーション・セラピーという名称を考えた節もある。ゲシュタルト療法という名称を標榜したのは、ナチスを逃れ南アフリカへ、そして米国に渡り、ホワイト・アレンソン精神分析研究所を経て、ニューヨークで妻とともに開業したときからであると、筆者は理解している。

第一章から第五章まではゲシュタルト療法とはどのような心理療法か、その実存的現象学の流れに属する考え方について、その人格論や鍵概念、それに技法とともに述べられている。読者は、その単純さ、自明さに驚かされたかもしれない。パールズは、「いくつかの仮説に基づいているが、難解で理屈に合わないというしろものではない。むしろ容易に経験的に裏付けることが可能なものばかりである」と、述べている。

第六章から第九章までは、筆者の心理臨床のなかで介入した事例、あるいは事例から抜粋したセッションの様子、またはワークショップでの、いわゆる"one session only"の範疇に入るものの逐語記録である。いずれも、自己の問題に直面化して、ときに難渋しながらワーキング・スルーしているクライエントや参加者の真摯な姿が浮き彫りにされている。そこに、人間の限りない潜在能力のすばらしさと、人間の強さが見られ、真に劇的で美しい。それは、セラピストとして介入した筆者にとっても、感動的な体験で畏敬の念とともに心からの祝福を送りたい。同時に、この場をかりて、本書への掲載や転載許可をくださったお礼を重ねて述べておきたい。

第十章はゲシュタルト派から見た身体についてであり、第十一章は提唱者パールズについて記述してある。いずれも、ゲシュタルト療法に馴染んでいただく一助にしていただければと思う。

最後になったが、駿河台出版社と編集者石田和男氏に深甚なる感謝をいたしたい。草案が遅くなり、多大の迷惑をおかけしてしまったが、辛抱強く、筆者を励まし、お待ちいただいた。おかげをもって脱稿することができた。いつもながら著者の影にあって、このような編集者の存在を覚える。そういう意味では、つねずね、著作とは編集者と著者とのコラボレーションではないかと、筆者は思っている。感謝にたえない。

２０１１年2月　福島にて

著者

【著者略歴】

倉戸ヨシヤ（くらと　よしや）

大阪市立大学名誉教授。マサチュセッツ大学大学院教育学部博士課程修了。Ed.D. San Diego Gestalt Training Center （ポルスター博士夫妻）より Diploma 取得（1978）。International Gestalt Therapy Association 理事。American Psychological Association 正会員。日本心理臨床学会理事・日本人間性心理学会理事長などを歴任して現在は日本臨床ゲシュタルト療法学会理事長。日本人間性心理学会2009年度学会賞授与。

主な論文及び著書

「ゲシュタルト療法」河合隼雄・水島恵一・村瀬孝雄編『臨床心理学大系』第９巻123－145、金子書房、1989、「ゲシュタルト療法」（編集）『現代のエスプリ』375号、至文堂、1998、「エンプティ・チェアの心理臨床」（編集）『現代のエスプリ』467号、至文堂、2006など。

翻訳

『ゲシュタルト療法その理論と実際』（パールズ著）ナカニシヤ書店、1990、『ゲシュタルト療法バーベイティム』（パールズ著）ナカニシヤ書店、2009など。

ゲシュタルト療法 —その理論と心理臨床例

●———2011年２月25日　初版第１刷発行
●———2020年６月27日　第３刷発行

著　者——倉戸ヨシヤ
発行者——井田洋二
発行所——株式会社 **駿河台出版社**
〒101-0062 東京都千代田区神田駿河台３－７
電話03（3291）1676番（代）／FAX03（3291）1675番
振替00190-3-56669
製版所——株式会社フォレスト

《21世紀カウンセリング叢書》
［監修］伊藤隆二・橋口英俊・春日喬・小田晋

キャリアカウンセリング
宮城まり子

近年厳しい経済状況に見舞われている個人、企業、組織はキャリアカウンセラーの支援を切実に求めている。本書はキャリア自身の本格的なサポートをするために書き下された。

本体1700円

実存カウンセリング
永田勝太郎

フランクルにより提唱された実存カウンセリングは人間の精神における人間固有の人間性、責任を伴う自由を行使させ、運命や宿命に抵抗する自由を自覚させ、そこから患者独自の意味を見出させようとするものである。

本体1600円

ＡＤＨＤ（注意欠陥／多動性障害）
町沢静夫

最近の未成年者の犯罪で注目されているＡＤＨＤについて、90年代以後の内外の研究成果をもとにＡＤＨＤとは何かにせまる。そして、この病気にいかに対処するか指針を示してくれる。

本体1600円

芸術カウンセリング
近喰ふじ子

芸術カウンセリングとは言語を中心とした心理療法を基本に芸術（絵画、コラージュ、詩、歌）を介したアプローチをしてゆく心理療法のことである。

本体1600円

産業カウンセリング
石田邦雄

産業カウンセリングは運動指導・心理相談・栄養指導・保健指導などの専門スタッフが協力して働く人の心身両面からの健康保持増進を図ろうとするものである。

本体1600円

ＰＴＳＤ　ポスト・トラウマティック・カウンセリング
久留一郎

トラウマとは瞬間冷凍された体験だ。それを癒すには凍りついた体験を解凍し、従来の認知的枠組みの中に消化吸収してゆくことだ。

本体1700円

《21世紀カウンセリング叢書》
［監修］伊藤隆二・橋口英俊・春日喬・小田晋

構成的グループ・エンカウンター
片野智治

いろいろな集中的グループ体験のことである。他者とのふれあいを通してある特定の感情、思考、行動のとらわれなどから自分自身を解放し、人間的成長を目標としているのである

本体1700円

家族療法的カウンセリング
亀口憲治

家族を単に個人の寄せ集めと考えない。むしろ複数の家族成員と同席で面接を行うことによって、互いの関係を直接確認できる。その結果、家族関係をひとつのまとまりのある「心理系」として理解する見方が定着、その見方を基にして、問題の解決へ向けた具体的な援助技法が生み出されてきた。

本体1800円

間主観カウンセリング
伊藤隆二

本書は長年臨床心理学にたずさわってきた著者が身をもって体験してきた結果得た知識を基にして、現代心理学のゆきづまりを打破すべく鋭くその欠点を批判し、その結果、新たな心理学の確立をめざそうとする意欲的な心理学書である。

本体1800円

人生福祉カウンセリング
杉本一義

カウンセラーと、クライアントは一つの出会いによって人生の道連れとなり、共に歩いてゆくのである。本書は、人間が人間として生きる上で最も重要な人間性の活性化と充足を助ける幸福援助学である。

本体1900円

ZEN心理療法
安藤治

この療法は科学的、合理的、論理的検討の潜りぬけ、もはや宗教的修行ではない、日常生活のなかに「気づき」の機会を自分にあたえることができよう。

本体1900円

自殺予防カウンセリング
藤原俊通
高橋祥友

絶望的な感情を誰かに打ち明けようとしている「孤独の魂の叫び」を受け止められれば自殺予防が可能なのです。

本体1700円

《21世紀カウンセリング叢書》
［監修］伊藤隆二・橋口英俊・春日喬・小田晋

親業《おやぎょう》トレーニング

近藤千恵　編
久保まゆみ

親業に出会うことで親子関係が客観的にとらえられるようになり、その関係についての体験学習を通してコミュニケーションスキルが高まるのです。

本体1900円

クライエント中心のカウンセリング

佐々木正宏

C・ロジャースにより提唱された理論を再検討し、それを発展させようとする。

本体1700円

自己愛性人格障害

町沢　静夫

現代は自己が脆弱化している。それを防衛しようと、逆に自己は発達停止と誇大化をおし進める。

本体1700円

言語障害カウンセリング

府川　昭世

言語学、心理学の知見だけでなく、言語病理学、音響学、認知科学の情報が結集。

本体1700円

生きがいカウンセリング

鶴田　一郎

アウェアネス、了解、同行、変革体験と生きがいとの関係を考察。

本体1700円

気づきのホリスティック・アプローチ

中川　吉晴

気づきは私たちの経験のなかに入ってゆく。ふだん抑圧されたり無視されたりした経験を明るみに出し、意識に統合する。気づきはスピリチュアルな次元まで到達する。

本体1800円

《21世紀カウンセリング叢書》
［監修］伊藤隆二・橋口英俊・春日喬・小田晋

朗読療法

橋　由貴

心のバランスを失った人たちに対し、朗読の癒しの効果を通して、心の力を取り戻す支援をする。

本体1900円

アニマル・セラピー

川添　敏弘

獣医であり臨床心理士である著者が人間がいかに動物によって癒されるか事例をもって示してくれる。

本体1800円

ストーカー

村上千鶴子

ストーカーになるのは、親以外の依存対象、つまり愛情深い親の代替人格を求める心性の持ち主である。

本体1900円

《人間の発達と臨床心理学》

伊藤隆二・橋口英俊・春日喬　編

第1巻 生涯発達と臨床心理学

第1章　生涯発達の心理　第2章　心理的問題の縦断的考察　第3章　心理的問題の診断　第4章　主な心理療法　精神分析療法／来談者中心療法／行動療法／認知療法／論理療法／ゲシュタルト療法／催眠療法／イメージ療法／交流分析／内観療法／自律訓練法／森田療法／家族療法／集団療法／サイコドラマ／遊戯療法／箱庭療法とコラージュ療法／絵画療法／音楽療法／東洋医学的心理療法

本体3301円

第2巻 乳幼児期の臨床心理学

第1章　乳幼児期の発達心理　第2章　乳幼児期の心理的問題の理解　第3章　乳幼児期の心理診断　第4章　乳幼児期の心理治療　妊娠期の精神的問題とその対応／産褥期精神障害／初期発達障害／授乳障害／夜泣・夜驚／基本的生活習慣／乳幼児の心因性疾患／食事の問題／言語の問題／退行／反抗／性器いじり／嘔吐／内閉／ことばの遅れ　第5章　乳幼児期の精神的健康のために

本体3800円

第3巻 学齢期の臨床心理学

第1章　学齢期の発達心理　第2章　学齢期の心理的問題の理解　第3章　学齢期の心理診断　第4章　学齢期の心理治療　吃音／緘黙／排泄の問題／呼吸困難／耐性虚弱／多動／学習障害／神経性習癖／肥満／劣等感／心身症的問題（頭痛・腹痛・嘔吐・頻尿）／脱毛／抜毛／自慰／登校拒否／いじめ／盗み　第5章　学齢期の精神的健康のために

本体3800円

第4巻 思春期・青年期の臨床心理学

第1章　思春期・青年期の発達心理　第2章　思春期・青年期の心理的問題の理解　第3章　思春期・青年期の心理診断　第4章　思春期・青年期の心理治療　反抗／家庭内暴力／受験ノイローゼ／怠学／盗み／薬物乱用／青少年の心理機制とその事例研究／自信喪失／集団参加困難／思春期やせ症／アパシー／不定愁訴／性器劣等感／対人恐怖／自殺　第5章　思春期・青年期の精神的健康のために

本体3800円

第5巻 成人期の臨床心理学

第1章　成人期の発達心理　第2章　成人期の心理的問題の理解　第3章　成人期の心理診断　第4章　成人期の心理治療　夫婦面接／嫁・姑の葛藤／児童虐待／モラトリアム／劣等感／孤立／不定愁訴／うつ／対象喪失／アルコール依存／性的逸脱／エイズカウンセリング／テクノストレス／出社拒否／過剰適応　第5章　成人期の精神的健康のために

本体3400円

第6巻 老年期の臨床心理学

第1章　老年の心理　第2章　老年の心理的問題の理解　第3章　老年の心理診断　第4章　老年期の心理治療　身体変化／不定愁訴／家族間の葛藤／痴呆／被害妄想／生きがいの喪失／対象喪失／不治の病／死の不安／心身症／神経症／うつ／老年期の自殺　第5章　老年期の精神的健康のために

本体3107円